Sigrid Engelbrecht

Erobere dir dein Leben zurück

Sigrid Engelbrecht

Erobere dir dein Leben zurück

Mit 33 Anti-Grübel-Techniken zu sich selbst finden

HERDER

FREIBURG · BASEL · WIEN

www.herder.de

Umschlaggestaltung: Designbüro Gestaltungssaal
Umschlagmotiv: Rudi Strummer/Shutterstock.com
Autorinnenfoto: Art & Photo Urbschat, Berlin
Illustrationen: Rudi Strummer/Shutterstock.com;
Icons – streamlineicons.com, freepik.com;
Smileys – Designed by freepik.com

Satz: Carsten Klein, München
Herstellung: CPI Moravia Books, Pohorelice
Printed in Czech Republic

ISBN 978-3-451-61383-8

Inhalt

Wie dieses Buch Sie unterstützen kann

Kennen Sie das? Manchmal kreisen Gedanken beharrlich um Vergangenes und immer wieder tauchen die gleichen Bilder und Szenen vor dem inneren Auge auf. Was geschehen ist, beschäftigt Sie noch immer so stark, dass Sie mittlerweile überzeugt sind, es nicht loslassen zu können.

Natürlich wissen Sie, die Zeit lässt sich nicht zurückdrehen, sondern sie läuft nur in eine Richtung: vorwärts. Trotzdem scheinen diese vergangenen Erlebnisse noch präsent zu sein – auch wenn sie schon Jahre oder Jahrzehnte zurückliegen.

Wenn es angenehme Erinnerungen sind und Sie es genießen, sie immer wieder zu betrachten – kein Problem. Es ist schön, sich an gute Zeiten zu erinnern, ebenso wie sich auf Zukünftiges zu freuen.

Anders ist es, wenn es sich um Kränkungen, Verletzungen oder Verluste handelt, die immer wieder ins Bewusstsein drängen. Dann werden die Gedanken daran leicht zur Quälerei – vor allem, wenn Sie nicht aufhören, mit dem Vergangenen zu hadern oder sich in eine Angst vor der Zukunft hineinzusteigern. Denn stets rufen Sie mit den Gedanken, die Sie sich machen, auch die dazugehörigen Gefühle und Körperempfindungen auf – und dies kann nahezu so intensiv werden wie seinerzeit beim Erlebnis selbst. Wenn Sie sich in Gedanken an erlittene Kränkungen, Ungerechtigkeiten oder in Befürchtungen darüber verlieren, was künftig Schreckliches passieren könnte, so setzen Sie sich selbst gewaltig unter Stress.

Auch der Körper reagiert entsprechend auf solchen Stress von innen – etwa mit Kopfschmerzen oder chronischen Muskelverspannungen, mit Druckgefühlen in der Brust oder mit Verdauungsproblemen. Die Gefühle finden im Körper eine Bühne und signalisieren, dass es an der Zeit ist, Lösungen zu finden.

Dies gilt insbesondere dann, wenn Sie sich sehr häufig von den immer gleichen Gedankenschleifen und aufwallenden Gefühlen bedrängt fühlen: »Warum bloß …«, »Hätte ich doch …«, »Wenn meine Mutter …«, »Weil mein Partner …« – und diese Grübeleien gleichzeitig gerne unterlassen würden, um stärker im Hier und Jetzt präsent zu sein. Sie wissen, es tut Ihnen nicht gut, sich das, was in der Vergangenheit schiefgegangen ist, immer wieder auf den inneren Schirm zu holen, dass es Sie blockiert und lähmt. Nur: Was tun?

Mit bloßer Willenskraft und »Denk-Verboten« ist dem schmerzvollen Erinnern und dem gedanklichen Wiederkäuen zumeist nicht beizukommen, denn die Erinnerungen drängen sich oft mit erstaunlicher Beharrlichkeit immer wieder ins Bewusstsein – auch wenn wir dies gar nicht wollen.

Gefragt sind also effektive Herangehensweisen. Gefragt sind Methoden und Strategien, die Abhilfe schaffen, die helfen, Vergangenes hinter sich zu lassen und sorgloser als bisher in die Zukunft zu blicken. Gefragt sind zudem Methoden und Strategien, die ein Gefühl der inneren Ruhe und Sicherheit schaffen und verankern und die bewirken, die Gedanken ganz selbstverständlich immer wieder zurück ins Hier und Jetzt lenken zu können. Darin sehe ich die Aufgabe dieses Ratgebers.

Da ich selbst aufgrund von zurückliegenden, schwer zu bewältigenden Geschehnissen lange Zeit in meiner Vergangenheit »gefangen« war, weiß ich, wie sich das anfühlt. Ende der 1990er-Jahre reifte dann in mir die Zuversicht, mich aus dem Gedanken- und Gefühlskarussell befreien zu können. Mut gemacht haben mir dabei Studien aus der Hirnforschung, die belegten, dass der Mensch mehr erlernen und verlernen kann, als zuvor angenommen, sowie viele Forschungsergebnisse aus der Positiven Psychologie, die diese Sichtweise bekräftigten.

Während und nach meiner Ausbildung zur Mental- und Wellnesstrainerin habe ich dann mit verschiedenen Ansätzen experimentiert und kann jetzt sagen: glücklicherweise. Denn meine »innere Welt« unterscheidet sich heute ganz wesentlich von dem, wie es früher in mir aussah. Ich habe damals nicht geglaubt, überhaupt in der Lage dazu zu sein, ein solches Maß an Lebensfreude zu entwickeln, wie es heute für mich »normal« ist. – Ebenso wenig habe ich vermutet, mit einem gewandelten Blick auf Gewesenes zu schauen und es nun anders bewerten zu können als zuvor. So bin ich heute mit vielen der hinter mir liegenden Ereignisse versöhnt, sodass mich die Erinnerung daran nicht mehr quält.

Mit den praktischen Übungen dieses Buches haben sowohl ich selbst als auch meine Coachees und die Teilnehmer/innen meiner Seminare und Workshops gute Erfahrungen gemacht. Sie verhelfen zum einen dazu, den immer wieder von Neuem durchlebten Gefühlen Ausdruck zu geben und sie dadurch besser zu bewältigen. Zum anderen sind sie auch hilfreich dafür, Abstand zu stetig wiederkehrenden Gedanken zu gewinnen. Dies hat zum Ziel, die Gegenwart unbefangener wahrzunehmen und zu erleben und optimistisch in die Zukunft zu blicken.

Die drei Personen, von deren Geschichte und Entwicklung im vorliegenden Buch die Rede ist, zeigen beispielhaft, wie sie es jeweils auf ihre Weise geschafft haben, sich ihr Leben zurückzuerobern. Sie erklärten sich bereit – unter Veränderung ihrer persönlichen Daten – das, was sie erlebt haben, für dieses Buch zur Verfügung zu stellen. An dieser Stelle noch einmal vielen Dank an Pamela, Kerstin und Mario!

Die Probleme, in die diese drei Menschen verstrickt waren, sind vielen Menschen vertraut. Ebenso wie ihre Versuche, neue Wege für sich zu finden, und das gleichzeitige Zurückschrecken davor, diese dann tatsächlich zu gehen. Pamela, eine 29-jährige Webdesignerin, ist von der Angst beherrscht, Fehler zu machen. Sie grübelt vor Entscheidungen lange darüber nach, ob sie wirklich alles bedacht, keinen Aspekt vergessen hat, und ob sie ihrem eigenen Urteilsvermögen wirklich trauen kann. Sie verhält sich zaghaft und unsicher, wenn es darum geht, einen persönlichen Standpunkt zu formulieren – womit sie sich beruflich wie privat viele Steine in den Weg legt.

Kerstin, 46, Bibliothekarin, hat viele Erfahrungen damit gemacht, zurückgewiesen zu werden. Als Kind gemobbt wegen ihrer Herkunft und ihres Aussehens, als Heranwachsende eine Außenseiterin, die keiner der angesagten Cliquen angehörte, scheitert sie später immer wieder im Versuch, feste Freundschaften und Beziehungen einzugehen. Dies hat sie extrem vorsichtig werden lassen in ihren beruflichen und privaten Kontakten. Sie lässt sich ungern auf jemanden ein und macht am liebsten alles alleine.

Mario, 35, trauert um seine Lebensgefährtin Linda, die vor zwei Jahren bei einer Bergtour verunglückt und gestorben ist. Er hadert mit dem Schicksal und kann sich noch immer nicht vorstellen, seinem Leben je wieder schöne Seiten abzugewinnen. Auf Einladungen von Freunden reagiert er abweisend und viele haben es aufgegeben, ihn in gemeinsame Unternehmungen einbeziehen zu wollen.

So unterschiedlich diese drei Problemlagen auch sind, gibt es doch einen gemeinsamen Nenner: Es ist etwas geschehen, was Denken und Fühlen so stark geprägt hat, dass weitere schmerzvolle Erfahrungen unbedingt vermieden werden sollen. Wohl jeder von uns hat solche »wehen« Stellen in sich, die Angst, Wut oder Trauer auslösen, sobald Erinnerungen daran auftauchen.

Das ist ganz natürlich – problematisch wird es nur dann, wenn diese vergangenen Ereignisse Schatten auf unser Hier und Heute werfen und uns dies davon abhält, Glück und Erfüllung in unserem Leben zu finden.

Ich hoffe, dass die Impulse und Anregungen, die ich hier zusammengestellt habe, auch Sie dabei unterstützen, Frieden mit schwer zu verkraftenden Ereignissen in Ihrem Leben zu schließen und Ihre Selbstsorge und Lebenszufriedenheit zu stärken.

Natürlich ersetzt ein Buch keine Therapie, es kann sie allenfalls begleiten. Wenn Sie also mit den Nachwirkungen von gravierenden traumatischen Ereignissen zu kämpfen haben, brauchen Sie fachtherapeutische Hilfe und sollten sich nicht scheuen, sich auf die Suche nach einer kompetenten Therapeutin oder einem kompetenten Therapeuten zu machen. Auch das gehört zu einer guten Selbstsorge: weniger daran zu denken, wie das vielleicht auf andere wirken könnte, sondern das eigene Wohlbefinden und die eigene Weiterentwicklung in den Vordergrund zu stellen.

IHRE SIGRID ENGELBRECHT

Teil 1

Teil 1: Sich selbst besser verstehen

In diesem Teil des Buches erweitern Sie Ihr Know-how über das Zusammenwirken von Gedanken, Gefühlen und Verhalten. Sich selbst besser verstehen ist die Grundlage dafür, die passenden Werkzeuge für Veränderungsprozesse zu finden – oder auch mit manchem, was unabänderlich ist, Frieden zu schließen, statt immer aufs Neue damit zu hadern.

Hier erfahren Sie, was bei Stress und Angst geschieht und warum Schockierendes oft so lange in uns nachwirkt. Sie lernen, Kränkungen, Schock und Verlust-Reaktionen besser einzuordnen, und können eine verständnisvollere Haltung gegenüber Ihrem – manchmal überbesorgten – inneren »Bodyguard« entwickeln, einer inneren Instanz, die uns vor Gefahren und Unglück schützen will. Sie beschäftigen sich mit den Ursachen kreisender Gedanken und der erstaunlichen Wirkung von »sich selbst erfüllenden Prophezeiungen«, lernen zum einen diejenigen Bewältigungsversuche kennen, die selten oder nie funktionieren, und erhalten zum anderen Hinweise auf hilfreiche Ansätze, die Sie der Wiedereroberung der Lebensfreude näherbringen.

Teil 1 ist ganz bewusst deutlich kürzer gehalten als Teil 2, der der praktischen Umsetzung gewidmet ist. Nicht, weil ich das Wissen über Zusammenhänge geringschätze – ganz im Gegenteil! –, sondern weil ich meine, dass es meist nicht notwendig ist, die Ursachen eines Problems bis ins kleinste Detail zu kennen, um etwas zu verändern. Häufig ist es sogar so, dass die Anhäufung von (zu) viel Wissen sich eher lähmend als aktivierend auswirkt. Motivation und Zuversicht scheinen förmlich eine Delle zu kriegen, wenn im Vorfeld zu viele Informationen verarbeitet werden müssen. Von daher: nur so viel Theorie, wie zum Verstehen von Zusammenhängen nötig ist – und dann ran an die praktische Umsetzung!

Die Erfahrungen, die in der Praxis gemacht werden, führen zu neuen

Gedanken, Ideen und Gewohnheiten und schließlich bilden sich auch neue Muster aus, die früher Gelerntes und Erfahrenes relativieren und in den Hintergrund treten lassen.

Wie Gedanken und Gefühle zusammenwirken

Über das, was um uns herum geschieht, machen wir uns Gedanken, wir analysieren, bewerten, ordnen ein. Damit unmittelbar verbunden sind Gefühle – sofern wir im Geschehen eine Bedeutung für uns selbst sehen. Aus dem, was wir denken, fühlen und erleben, erzeugt unser Gehirn neue Muster oder verfestigt bereits vorhandene. Gedanken entstehen ganz automatisch beim Gebrauch unserer Sinne, beim Sehen, Hören, Riechen, Fühlen und Schmecken ebenso wie beim Bewegen oder Ausruhen und sogar beim Schlafen.
Die Fähigkeit, sich Vergangenes wieder bewusst zu machen und künftige Möglichkeiten gedanklich vorwegzunehmen, zu planen und Handlungsalternativen durchzuspielen, gehört zu den Stärken, die uns als Menschen auszeichnen. Abgesehen von dem, was gerade jetzt passiert, können wir über Geschehnisse reflektieren,

- die eingetreten oder nicht eingetreten sind, und darüber, warum dies so sein könnte,
- die schon öfters vorgekommen sind,
- die eventuell passieren könnten,
- die wir uns wünschen,
- die uns ängstigen,
- die vielleicht niemals eintreten werden.

Begleitend dazu kommentieren und interpretieren wir diese Einschätzungen gedanklich: wie toll dies ist, wie schwer, wie einfach, wie gefährlich, wie schön, wie falsch, wie langweilig und so weiter.
Gedanken, die das Gehirn als besonders wichtig wertet, hält es für die Zukunft fest. Es werden sogenannte »episodische« Erinnerungen an den räumlichen und zeitlichen Ablauf von

Geschehenem geformt und abgespeichert. Eine wesentliche Rolle spielen dabei die Synapsen, die die Nervenzellen miteinander verbinden. Sie können gestärkt, geschwächt, gekappt und auch neu gebildet werden.
Wenn Nervenzellen wiederholt gemeinsam aktiv waren, stärkt dies die Verbindungen zwischen ihnen. Was Sie also häufig denken, erzeugt feste, stabile Verbindungen, während flüchtige Wahrnehmungen kaum eine Spur hinterlassen. Immer wieder über dasselbe nachzugrübeln festigt also die Verbindung zwischen den beteiligten Nervenzellen – auch wenn Sie das gar nicht beabsichtigen. Doch auch in Bezug auf erfreuliche Gedanken und Vorstellungen gilt das gleiche Prinzip: Wenn Sie sich beispielweise häufig bewusst machen, wofür Sie dankbar sein können, werden auch diese Gedanken-Gefühls-Verbindungen gestärkt. Die Verbindungen – die einen wie die anderen – werden im Gedächtnis abgespeichert und stehen bereit, immer wieder abgerufen zu werden.
Dabei gibt es keinen allgemeinen Sitz des Gedächtnisses, sondern für Erinnerungen sind viele unterschiedliche Bereiche der Hirnrinde, dem sogenannten Cortex, zuständig.
Ein spezieller Ort im Gehirn ist jedoch besonders wichtig dafür, Gedächtnisinhalte zu erzeugen: der Hippocampus. Dies ist interessanterweise eine der wenigen Gehirnregionen, in denen ständig nicht nur neue Synapsen, sondern auch neue Nervenzellen entstehen. Das heißt: Hier wohnt die Veränderung!
Mit dem Hippocampus eng verbunden ist das limbische System. Dies ist eine Region des Gehirns, die nicht dem Bewusstsein untersteht. Da sind »automatische« Reaktionen angesiedelt. Limbisches System und Hippocampus sind über Bündel von Nervenfasern miteinander vernetzt und gestalten so das Zusammenspiel von Gefühlen und Gedanken. Während im limbischen System Reize aus der Umgebung emotional bewertet werden, ist der Hippocampus für das faktische Wissen zuständig. Beides zusammen fließt in

die Art und Weise ein, wie wir eine Situation wahrnehmen und beurteilen.

Innerlich stark bewegende Ereignisse, wie der erste Kuss, eine Mobbingerfahrung in der Schule oder der Verlust eines geliebten Menschen, werden viel genauer erinnert als beliebige Alltagsmomente. Starke Emotionen, die uns in Situationen wie diesen durchfluten, bewirken, dass die Situation wie ein Film im Gedächtnis gespeichert und zu einer der episodischen Erinnerungen wird. Ähnlich dem Phänomen, bei dem wir uns oft ein Leben lang gut an eine besonders ausdrucksstarke Malerei erinnern können, sind auch Erlebnisse, die von intensiven positiven oder intensiven negativen Emotionen flankiert werden, später aus dem riesigen Archiv der Erinnerungen schneller und einfacher wieder abrufbar als Geschehnisse, die wir nur als Fakten – ohne gefühlsmäßige Beteiligung – zur Kenntnis nehmen.

Warum Schockierendes lange nachklingen kann

Ängste gehören zum Leben. Sie helfen uns dabei, Gefahren zu erkennen und zu reagieren. Angst entsteht immer dann, wenn unser inneres Gleichgewicht bedroht wird – oder wir auch nur das Gefühl haben, dass dies passieren könnte. Auslösereize für Ängste sind meist gefühlte Bedrohungen – etwa der körperlichen Intaktheit, der materiellen Existenz oder des Selbstwertgefühls. Wir machen uns Sorgen oder verspüren innere Unruhe. Dies aktiviert unseren inneren Bodyguard, der uns zu Vorsicht und zu erhöhter Aufmerksamkeit anhält und uns dazu drängt, rasch eine möglichst wirksame Strategie zur Gefahrenabwehr zu finden. Gleichzeitig mobilisiert er in uns die nötigen Energien, um blitzschnell handeln zu können.
Wenn wir vor etwas erschrecken oder uns bedroht fühlen, bekommen wir im Grunde zweimal Angst, nämlich über die zwei unterschiedlichen Kanäle, die auch für die Verarbeitung

von Informationen zuständig sind: limbisches System und Hippocampus. Auf dem schnelleren Kanal gelangt die Information von den Sinnessystemen über den Thalamus direkt zur Amygdala, dem wegen seiner Form auch Mandelkern genannten Teil des limbischen Systems. Dort wird innerhalb weniger Millisekunden gecheckt, ob der Auslösereiz etwas Positives oder aber Gefahr bedeutet. Wird der Reiz als gefährlich betrachtet, setzt automatisch die Stressreaktion ein: Schweiß bricht aus, das Herz beginnt rascher zu schlagen, der Blutdruck steigt an und so weiter. Wir sind jetzt fit für Kampf oder Flucht. Körper und Geist sind hochkonzentriert und leistungsbereit. All dies geschieht, noch bevor wir überhaupt reflektiert haben, was, wie und warum uns etwas in Angst versetzt.

Der zweite Weg führt vom Thalamus zur Hirnrinde. Dieses Reaktionsmuster verläuft deutlich langsamer, jedoch wird die Situation detailgenauer verarbeitet. Hier ist der Hippocampus mitbeteiligt, von wo aus Gedächtnisinhalte abgerufen werden: Das Gehirn vergleicht die momentane Situation mit früher Erlebtem. Auch der präfrontale Cortex ist beteiligt, indem er die emotionalen Reize aus dem limbischen System in bewusste Gefühle umwandelt, diese in das Gesamtbild integriert und daraus Schlüsse zieht, wie am besten zu reagieren ist.

Wenn Sie einen Spaziergang machen und plötzlich eine Schlange vor sich sehen, schaltet ihr System auf dem ersten Kanal sofort auf Alarm. Der zweite Kanal gleicht das, was Sie sehen, mit Erinnerungsbildern ab und Ihnen wird beispielsweise klar, dass das, was Sie für eine Schlange gehalten hatten, nur eine dicke Wurzel ist. Sie entspannen sich: Entwarnung. Wenn es hingegen tatsächlich eine Schlange ist, werden Sie sofort ordentlich Abstand zwischen sich und das Tier bringen. Ist die Gefahr gebannt, klingt die Stressreaktion ab; die Herzschläge erreichen wieder die gewohnte Frequenz, der Blutdruck normalisiert sich, die Muskeln lockern sich und so weiter. Auf Anspannung folgt Entspannung. Ihre Körperfunktionen gehen wieder in ihren »Normal-Modus« über. Dies passiert damals wie heute, und dabei ist es egal, wodurch die Reaktion ausgelöst wird: Säbelzahntiger, cholerischer Chef oder belastende Erinnerungen.

Stress entsteht bei uns heute vor allem dort, wo uns die Kontrolle über das Geschehen zu entgleiten droht und wir das Gefühl haben, mit dem, womit wir konfrontiert sind, nicht mehr fertigzuwerden. Im schlimmsten Fall: das eigene Leben und die eigene Entscheidungsfähigkeit nicht mehr in der Hand zu haben. Dies gilt für sich ins Bewusstsein drängende Erinnerungen genauso wie für die daraus abgeleiteten Befürchtungen.

Bei Pamela besteht der Stress in der Angst, etwas falsch zu machen und dadurch bedrohliche Konsequenzen auszulösen. Sie verspürt eine »Angst vor Strafe«, die sich – wahrscheinlich schon sehr früh – als Muster in ihrem Gehirn eingeprägt hat.

Bei Kerstin besteht der Stress in der Überzeugung, Zurückweisungen nicht ertragen zu können. Und daher alles dafür zu tun, solche Situationen nicht mehr erleben zu müssen.

Mario kann sich nicht von seiner Verlusterfahrung lösen. Er denkt häufig daran, wie anders sein Leben sein könnte, wenn seine Frau noch am Leben wäre, und was er damals hätte tun können, um das Unglück zu verhindern. Und auch das bedeutet Stress für den Organismus.

Alle drei haben entsprechende episodische Erinnerungen gespeichert. Diese drängen sich automatisch ins Bewusstsein, weil sie unter starker emotionaler Beteiligung abgespeichert wurden.

Der innere Bodyguard

Die Stressreaktion leistet uns gute Dienste. Unser Alarmsystem ist unser innerer Bodyguard, dessen Aufgabe es ist, für unsere Sicherheit zu sorgen. Jeder Mensch hat dabei sein ganz persönliches Beunruhigungsniveau. Was beim einen nur ein mulmiges Gefühl auslöst, kann bei jemand anders heftige Angstaufwallungen mit entsprechenden körperlichen Begleiterscheinungen erzeugen – je nachdem, auf welchen Reiz der innere Bodyguard anspringt und als wie bedrohlich er diesen Reiz einstuft.

Wenn Sie von immer wiederkehrenden Befürchtungen oder angstvollen Erinnerungen geplagt werden, schaltet der innere Bodyguard sozusagen auf Daueralarm: Auf dem ersten Kanal wird sofort »gefeuert«, wenn ein entsprechender Auslösereiz auftaucht – etwas, wodurch Sie an die Erinnerung oder Befürchtung erinnert werden –, und der Körper reagiert sofort. Auf dem zweiten Kanal setzt dann keine Entwarnung ein, stattdessen werden immer wieder die gleichen verstörenden Bilder und Vorstellungen aufgerufen und der Abgleich des momentanen Empfindens mit Erinnerungen und Vorstellungen erhält die innere Unruhe aufrecht. Es ist, als seien wir in einem permanenten Hab-Acht-Zustand. Auch die in einer akuten Stressreaktion auftretenden körperlichen Begleitsymptome verstetigen sich: hoher Blutdruck und beschleunigter Herzschlag, angespannte Muskulatur, hohe Adrenalin- und Kortisolspiegel im Blut. Wir kommen nicht mehr zur Ruhe.

Die Abfolge der inneren Bilder und Vorstellungen ruft blitzschnell Ängste hervor, die »wie aus dem Nichts« aufzutauchen scheinen. Sie können sehr stark sein, unser Denken und Fühlen völlig vereinnahmen und das Verhalten steuern. Wir reagieren dann auf eine Art und Weise, die wir selbst nicht verstehen. Impulsiv. Kopflos. Jähzornig. Um diesen Mechanismus außer Kraft zu setzen, ist es wichtig, den Auslösereizen auf den Grund zu gehen und gegenzusteuern, den inneren Bodyguard »nachzuschulen«, sodass er nicht auf Reize anspringt, die mit der momentanen Situation nichts zu tun haben.

Kränkung und Enttäuschung besser verstehen

Eine Kränkung kommt zwar nicht einer Bedrohung unserer physischen Existenz gleich, bedroht fühlen wir uns aber trotzdem, denn wir werten dies als massiven Angriff auf unsere Person, sehen das Selbstwertgefühl gefährdet. Und so reagieren wir auf eine uns zugefügte Kränkung ganz ähnlich wie bei einer Schreckreaktion. Wir erstarren, halten den Atem an und schalten automatisch in den Kampf- oder Flucht-Modus um, also auf den ersten Reaktionsweg über das limbische System. Da wir uns in diesem Moment schwer damit tun, klar und differenziert zu denken, fallen uns passende Reaktionen auf die gerade erlebte Kränkung meistens nicht ein – erst später, wenn die Situation längst vorbei ist, haben wir parat, was wir hätten sagen oder tun können.

Wie Angst auch spüren wir Kränkungen körperlich, haben beispielsweise einen Kloß in Hals, ein Stechen im Magen oder sind so aufgewühlt, dass wir keinen klaren Gedanken mehr fassen können. Wenn wir später jemandem von dem, was vorgefallen ist, erzählen, fallen vielleicht Wendungen wie: Sie hat mir damit das Herz gebrochen; es tut mir so weh, was er mir angetan hat; sie hat meine Ehre verletzt; er trampelt auf meinen Gefühlen herum und so weiter.

Gekränkt zu werden ist schmerzhaft. Wenn wir den Eindruck haben, zu kurz zu kommen, wenig wertgeschätzt oder übersehen, benachteiligt, ungerecht behandelt oder verkannt zu werden, so trifft uns das wie ein Hieb. Jeder von uns will für andere eine Bedeutung haben, will wertgeschätzt und anerkannt werden und dazugehören. Werden diese Bedürfnisse nicht erfüllt oder absichtlich missachtet, fühlen wir uns gekränkt.

»Ich hasse Partys«, sagt Kerstin. »Beruflich gehört es einfach dazu, dass ich bestimmte Get-Together-Termine wahrnehme, und ich werde natürlich auch privat zu Geburtstagen, Jubiläen und so eingeladen. Alle diese Anlässe sind für mich einfach nur Stress. Sofort kommt mir meine Tanzstundenzeit in den Sinn. Stets war ich die Letzte, die ausgewählt wurde. Das fand ich ganz furchtbar, hätte damals am liebsten geheult. Und auch schon früher hatte ich das Gefühl, anderen peinlich zu sein. Im Kindergarten, wo die anderen Kinder mich nicht mitspielen ließen, bei Klassenfesten ... Und jedes Mal, wenn eine Party oder Ähnliches ansteht, schäme ich mich irgendwie und würde am liebsten davonlaufen.«

Die meisten von uns haben im Laufe ihres Lebens Situationen wie diese erlebt, die Kerstin so beschäftigen und die uns vermitteln, »durchgefallen« zu sein in der Wertung von anderen. Zurückgesetzt, abgelehnt, nur geduldet. Es gibt kaum jemanden, dem dies nichts ausmacht.

Empfinden wir ein Geschehen als schwerwiegend, dann sehen wir uns nicht in der Lage, zu verarbeiten, was wir als herabsetzend werten: den Job verloren zu haben, verlassen worden zu sein, bei einer Auseinandersetzung den Kürzeren gezogen zu haben, kritisiert, getäuscht oder lächerlich gemacht worden zu sein und so weiter.

Unentwegt hämmert dann die Erinnerung an das Erlebte innerlich auf uns ein. Vielleicht verspüren wir Zorn oder Groll gegen den, der uns das angetan hat, und haben Rachegedanken, vielleicht fühlen wir uns auch verunsichert, niedergeschlagen und hilflos. Wenn wir uns nicht verstanden, anerkannt und wertgeschätzt fühlen, leiden wir.

Auch Kritik wird oft als Ablehnung oder Geringschätzung der eigenen Person erlebt, auch wenn sie sich nur auf etwas bezieht, das wir falsch gemacht oder unzureichend ausgeführt haben. Doch auch wenn Kritik stets das eigene Selbstbild tangiert, müssen wir uns nicht automatisch davon gekränkt fühlen. Ob Kritik uns kränkt oder nicht, hängt sehr davon ab, wie wohlwollend oder »mäkelig« wir selbst über uns denken. Je unsicherer wir in Bezug auf unsere Selbsteinschätzung sind und je weniger wir von uns halten, desto größer ist die Wahrscheinlichkeit, Kritik als kränkend zu erleben.

Fühlen wir uns gekränkt, wollen wir unser Selbstwertgefühl wiederherstellen und wiederholen die kränkende Situation immer wieder vor unserem inneren Auge. Wir denken uns aus, was wir hätten sagen oder tun sollen, oder erleben in der Fantasie, wie wir es dem anderen »heimzahlen«. Oder wie wir uns so unangreifbar machen, dass niemand uns mehr verletzen kann. Potenzielle Kränkungen gehören also zum Leben und auch unser Selbstwertgefühl ist – und bleibt es auch weiterhin – jeden Tag allen möglichen Angriffen ausgesetzt. Wir können also nicht hoffen, dass wir irgendwann »sicher« sind, sondern wir werden auch künftig immer wieder in Situationen kommen, in denen wir von anderen kritisiert, abgelehnt oder von etwas ausgeschlossen werden, werden Situationen erleben, in denen jemand uns zurückweist oder verlässt.

Eine konstruktive Haltung gegenüber Kritik, Geringschätzung, Ablehnung und Zurückweisung zu finden bleibt uns nicht erspart, wenn wir inneren Frieden spüren und uns eine optimistische Zukunftssicht aneignen wollen.

Mit Verlust und Trauer umgehen

Jeder von uns wird im Laufe des Lebens mit dem Tod eines nahestehenden Menschen konfrontiert – dem Tod der eigenen Eltern, dem Tod von Geschwistern und Freunden, Beziehungspartnern, manchmal auch dem Tod eines eigenen Kindes. Trauer und Schmerz über den Verlust sind oft so heftig, dass wir glauben, nie darüber hinwegkommen zu können. Wir sind im wahrsten Sinne des Wortes untröstlich. Die Gedanken kreisen häufig darum, was wir nicht mehr zusammen mit dem verstorbenen Angehörigen oder Freund erleben und teilen können.

»Ich bin allergisch gegen Sätze wie: ›Du solltest jetzt aber darüber hinwegkommen‹ oder ›Du musst dich wieder dem Leben zuwenden‹ oder ähnliches Zeug«, sagt Mario, »mir ist schon klar, dass das alles gut gemeint ist oder die Leute einfach nicht wissen, was sie sagen sollen. Aber ich würde am liebsten schreien, wenn jemand mit irgendwelchen Gemeinplätzen daherkommt. Linda war für mich einfach die Frau meines Lebens, und das wird sie auch bleiben. Ich will niemand anders.«

Trauernde haben oft das Gefühl, von ihren Mitmenschen nicht verstanden zu werden, und glauben, andere können ihre Trauer nicht nachvollziehen. Ähnlich wie beim Tod eines nahestehenden Menschen geht es uns, wenn wir verlassen werden. In beiden Fällen ist die geliebte Person nicht mehr Bestandteil unseres Lebens. Manchmal gerät dadurch der Alltag aus den Fugen, erscheint längere Zeit nur noch grau in grau und der Glaube an eine lebenswerte Zukunft ist dahin. In vielen kleinen alltäglichen Situationen des Alltags fühlen wir uns an die gemeinsame Zeit erinnert – und müssen uns immer wieder bewusst machen, dass es den schmerzlich vermissten Menschen in unserem Leben nicht mehr gibt.

Wenn wir einen geliebten Menschen verloren haben, müssen wir unser Leben neu ausrichten. Der eine erholt sich schnell davon, der andere braucht länger dazu. Manche bewältigen einen erlittenen Verlust binnen weniger Monate, andere benötigen dazu mehrere Jahre.

Für den Prozess des Abschiednehmens gibt es kein Schema. Tod und Trauer werden von jedem anders erlebt und es gibt dafür auch keinen Zeitplan.

Trauer kann sich nicht nur auf den Verlust eines nahestehenden Menschen beziehen – wir trauern auch um anderes, das unwiederbringlich vergangen ist, wie beispielsweise Gesundheit im Sinne körperlicher Unversehrtheit, Chancen, die wir ungenutzt verstreichen ließen, die Folgen von Fehlentscheidungen, den Verlust von Jugend und Attraktivität.

Pamela beispielsweise denkt oft über vergangene Fehlentscheidungen und deren fatale Folgen nach und sie ist traurig, dass sie so viele Jahre ihres Lebens damit verbracht hat, das, was damals aus dem Ruder lief, wieder ins Lot zu bringen. »Was hätte ich alles machen können, wenn nicht …«

Wenn Gedanken Kreise ziehen

Nachzudenken und Geschehenes zu reflektieren ist normal und sehr nützlich, um sich zu orientieren und Schlüsse aus dem Erlebten zu ziehen. Doch was, wenn Nachdenken zur Nachgrübelei wird, wie es bei Pamela der Fall ist, wenn also niederdrückende und entmutigende Gedanken überhandnehmen und sich in einer Endlosschleife immer wieder im Kopf abspulen?

Während Angst uns dazu verleitet, für die Zukunft das Schlimmste zu erwarten, richtet sich das Grübeln zumeist auf bereits Geschehenes. Doch auch hieraus können Zukunftsängste entstehen. Denn was in der Vergangenheit schon schiefgegangen ist, kann schließlich auch erneut schiefgehen.

Die Lieblingsfrage eines eingefleischten Grüblers ist »Warum?« oder besser noch: »Warum nur …?« – »Warum nur habe ich Dieter geglaubt? Habe all mein Geld in dieses Projekt gesteckt und mich auch noch verschuldet? Warum nur? Hatte ich denn keine Augen im Kopf? Warum habe ich nichts von dem, was er erzählte, nachgeprüft? Warum nur?« Um diese Fragen kreisen Pamelas Gedanken.

Die Frage nach dem Warum führt mitten hinein in ein Gedankenlabyrinth aus Vermutungen und Spekulationen, eine Art zwielichtigen Irrgarten, in dem man sich leicht verlieren kann. Kann die Frage jemals abschließend geklärt werden? Und selbst wenn: Würde das tatsächlich etwas ändern? Selbst wenn Pamela eine Antwort darauf fände, aus welchen Gründen sie so unbedacht gehandelt hat – sei es aus Verliebtheit oder aus Angst, Dieter könnte sie für misstrauisch halten und an ihrer Liebe zu ihm zweifeln, oder weil ihre Eltern sie stets tadelten, wenn sie etwas infrage stellte, und sie somit einem alten Muster gefolgt ist – was nützt es ihr, immer wieder dieselben alten Gedanken zu wälzen?

Selbstanklagen und Schuldgefühle eignen sich zum Grübeln besonders gut: »Wie konnte ich nur …? oder »Das hätte mir nie passieren dürfen«, »Warum war ich nur so dumm (so naiv, so dämlich, so kopflos ...)?« Hilft es weiter, darüber nachzudenken, wie alles weitergegangen wäre, hätte man sich anders entschieden?

Kreisende Gedanken beanspruchen einen großen Teil der Aufmerksamkeit, lenken damit von gegenwärtig Wichtigem ab oder auch von dem, was im Hier und Jetzt als angenehm erlebt werden könnte – wenn man es denn zuließe, statt im Gedankenlabyrinth zwischen »hätte«, »wäre« und »wenn« herumzuirren.

»Manchmal fühle ich mich, als würde ich nicht denken, sondern als würde ich gedacht«, sagt Kerstin, »ich grüble und grüble und will das doch eigentlich gar nicht. Es ist, als würden die Gedanken ein Eigenleben führen. An den Tagen, wo diese Grübelei – warum wer was zu mir gesagt haben könnte – wieder besonders stark ist, komme ich eigentlich zu gar nichts. Ich renne von einem Raum in den nächsten, habe vergessen, was ich dort wollte, renne zurück, bin ganz konfus. Das passiert mir meist, wenn ich denke, jemand sei sauer auf mich. Ich mache mir Gedanken, wie der andere das meint, was er gesagt hat und was er jetzt tun wird. Was er von mir hält. Ob er mir etwas übel nimmt. Vermutungen, Vermutungen, Vermutungen. Und dann denke ich an früher, wie es war, als keiner etwas von mir wissen wollte und andere mich ausgeschlossen und sich über mich lustig gemacht hatten, und dann krallt sich die Angst in mir fest.«

Nicht nur Kerstin und Pamela erleben ihre Grübelei als schwer kontrollierbar und haben Mühe, sich davon immer wieder loszureißen – auch vielen anderen geht es so. Und sie wissen so gut wie Kerstin und Pamela, dass ihre kreisenden Gedanken zu keiner Lösung führen. Vielmehr nagt die andauernde Grübelei am Selbstwertgefühl.

Kerstin: »Ich komme mir vor, als hätte ich mich nicht im Griff. Als könnten meine Gedanken mit mir machen, was sie wollen. Und ich sehe zu, wie jede weitere Gedankenschleife mich weiter runterzieht und ich dann alles nur noch grau in grau wahrnehme.«

Genau das ist das Fatale am Kopfzerbrechen: Gedanken ziehen immer wieder die gleichen Spuren, ohne dass sich an dem, worauf sie sich richten, etwas ändert. Zudem ist es eine energiezehrende Beschäftigung. Wer eine Stunde mit Grübeln verbracht hat, fühlt sich hinterher, als hätte er den halben Tag Schwerarbeit geleistet.

Mario wird auch zwei Jahre nach Lindas Tod durch vieles in seiner Umgebung immer wieder an sie erinnert: zum Beispiel durch den Garten, den sie so liebevoll gepflegt hat, und für den er sich auferlegt, ihr zum Andenken alles instand zu halten, obwohl er sich nichts aus Gartenarbeit macht. Während er den Rasen mäht oder Unkraut jätet, denkt er daran, wie sie beide abends auf der Terrasse saßen und einander bei einem Glas Wein erzählten, was sie am Tag erlebt hatten. Wenn er nun hier sitzt und den Blick über den Garten wandern lässt, bald nur auf den Boden vor sich starrt, trinkt er manchmal eine ganze Flasche alleine. Er denkt daran, was er verloren hat und wie es gewesen wäre, hätten sie sich nicht für diese Bergtour entschieden, sondern wären irgendwohin ans Meer gefahren, er erinnert sich, wie Linda das vorgeschlagen hat. Aber er hat auf dieser Tour bestanden, und, nun ...

Grübelei führt kaum je zu guten Lösungen, sondern häufig dazu, sich innerlich wie gelähmt zu fühlen und sich immer weniger in der Lage zu sehen, überhaupt irgendetwas zu tun. Anstehende Aufgaben türmen sich dadurch zu unüberwindlichen Bergen auf. Dies zieht auch den Körper und die Genussfähigkeit in Mitleidenschaft. Wer viel grübelt, hat oft auch Probleme damit, sich zu entspannen, nachts zur Ruhe zu kommen und sich an Schönem zu erfreuen.

Das ist eine Erfahrung, die Pamela, Kerstin und Mario teilen, so unterschiedlich ihre Probleme auch sein mögen: Sie alle haben einerseits das Gefühl, innerlich immer angespannt zu sein und nicht abschalten zu können – andererseits auch das Gefühl, das Leben sei blasser geworden: flach, schematisch, trist. Und dass es einfach so vorbeizieht, Tag um Tag, während sie sich im Vergangenen, im Hätte, Wäre und Wenn verlieren.

Der praktische Teil des Buches (ab S. 37) hält für Sie viele Anregungen, Übungen und Tipps bereit, die dabei helfen, aus der Grübelei herauszufinden und das Leben im Hier und Jetzt bewusster wahrzunehmen sowie schöne Momente zu genießen.

Wie eine sich selbst erfüllende Prophezeiung wirkt

Unter einer sich selbst erfüllenden Prophezeiung verstehen wir, dass wir, wenn wir ein bestimmtes Ereignis oder Ergebnis erwarten, dessen Eintreten wahrscheinlicher machen. Dies hat nichts mit Magie zu tun, sondern damit, wie unsere Erwartungen unser Verhalten beeinflussen – auch ohne dass uns dies bewusst ist. Dadurch tragen wir selbst mit dazu bei, dass das erwartete Ereignis eintritt oder wir genau die Reaktionen hervorrufen, die wir »vorhergesehen« haben. Denn auch die Menschen in unserem Umfeld werden von unserem Verhalten beeinflusst.

Wer auf eine Party geht und erwartet, beklommen abseitszustehen, weil er dieses schon so oft erlebt hat, wird mit großer Wahrscheinlichkeit auch bei dieser Party am Rand stehen. Mittels seiner Körpersprache sendet er entsprechende Signale aus, die wiederum von anderen – bewusst oder unbewusst – interpretiert werden und deren Verhalten ihm gegenüber beeinflussen. Wer hingegen mit der Erwartung hingeht, dort neue interessante Bekanntschaften zu machen, wird sich offen und kontaktfreudig verhalten. Auch diese sich selbst erfüllende Prophezeiung hat gute Chancen, Wirklichkeit zu werden.

Positive wie auch negative Erwartungen können unser Verhalten also maßgeblich mitsteuern. Einer Studie des »British Medical Journal« zufolge erlitten Senioren, die große Angst davor hatten zu stürzen, häufiger einen solchen Unfall als jene, die weniger Angst davor hatten. Und wahrscheinlich haben Sie selbst auch schon die Erfahrung gemacht, dass immer dann, wenn Sie mit der Einstellung »Das wird sowieso nicht klappen« an eine Aufgabe herangingen, das Ergebnis dementsprechend ausfiel. Auf der unbewussten Ebene hat diese Prophezeiung Ihr Verhalten so sehr beeinflusst, dass die Wahrscheinlichkeit deutlich stieg, tatsächlich unter den eigenen Möglichkeiten zu bleiben.

»So etwas kommt mir immer dann in die Quere, wenn ich gerade jemand kennenlerne und im Begriff bin, mich vielleicht in ihn zu verlieben«, sagt Kerstin. »Dann tauchen sofort die Erfahrungen aus gescheiterten Beziehungen auf und damit innere Botschaften wie: ›Anfangs ist alles toll, aber du weißt, wie es endet‹ und ›Ist dir doch klar, dass das nur schiefgehen kann.‹«

Pamela kennt das Phänomen der sich selbst erfüllenden Prophezeiung vor allem im Zusammenhang mit Lernen und Prüfungen: »Ich schiebe oft Aufgaben vor mir her, weil sich sofort Unlust und Widerwillen breitmachen, wenn ich ins Lernen für eine Prüfung einsteigen will. Da tauchen dann Sätze in meinem Kopf auf wie ›Du kannst das doch sowieso nicht‹, ›Das schaffst du nie‹ und ›Dafür hast du einfach nicht genug Grips im Hirn‹. Oft fange ich dann viel zu spät an, mich vorzubereiten – und das Prüfungsergebnis bestätigt mir dann, was mir ohnehin klar war: Dass ich das nicht kann.«

Mario, der sein Leben als leer und freudlos empfindet und mit dieser Haltung seinen Alltag meistert – oder vielleicht sollten wir eher sagen: hinter sich bringt –, sieht sich jeden Tag aufs Neue darin bestätigt, dass es sich nicht lohnt, sich für irgendetwas einzusetzen oder neue Erfahrungen zu machen.

Ähnliche Beispiele können Sie sicher aus Ihrem eigenen Leben ergänzen. Im praktischen Teil des Buches (ab S. 37) erfahren Sie, wie Sie negative Erwartungen entschärfen können, sodass Sie nicht immer wieder zu denselben entmutigenden Ergebnissen kommen.

Sackgassen: Was selten oder nie funktioniert

Wir alle haben Muster entwickelt, die unsere Gedanken, unsere Gefühle und unser Verhalten bestimmen, das ist unvermeidlich. Belastende Erinnerungen und nagende Zukunftsängste können dabei unseren Alltag stark beherrschen und jegliche Freude und Gelassenheit vertreiben. Irgendwie müssen wir alle mit dem, was uns im Lauf unseres Lebens widerfährt, fertigwerden. Manche haben wenig zu bewältigen – andere umso mehr. Der Umgang damit gelingt mehr oder weniger gut. Wenn wir bestimmte Erinnerungen nicht mehr zulassen wollen, da sie uns als zu schmerzhaft erscheinen, wollen wir sie vielleicht auch um jeden Preis loswerden. Wir versuchen dann, sie zu bekämpfen oder vor ihnen zu flüchten. Das kann auf verschiedene Weise geschehen:

- Indem wir uns die Erinnerung »verbieten«, jeden Gedanken daran wegdrängen und es uns selbst übel nehmen, wenn uns das Geschehene »schon wieder« in den Sinn kommt. Versuchen wir auf diese Weise, uns selbst an die Kandare zu nehmen, meinen wir, die Kontrolle über unsere Gefühle wiederzugewinnen. Doch wir können nicht quälende Erinnerungen Kraft eines Beschlusses – oder einer Beschwörung – einfach so ausschalten, als würden wir einen Schalter umlegen. Je stärker wir auf »Kampf« schalten, desto stärker scheinen die Erinnerungen und Befürchtungen, die wir doch so gerne loshätten, in unser Bewusstsein zu drängen.
- Indem wir das, was geschehen ist, wegrationalisieren und uns in Allgemeinplätze flüchten wie: »Vorbei ist eben vorbei«, »Stell dich nicht so an« oder »Das darf dir einfach nichts ausmachen, vergiss es.« Und überzeugt davon sind, dass der Verstand der Herr aller Dinge ist. Doch es ist ja nicht unser Verstand, mit dem wir ein Problem haben, es sind die Gefühle. Wir haben ein Stück weit das emotionale Grundvertrauen

in die Welt verloren, das uns normalerweise trägt, und können dies nicht »heilen«, indem wir schmerzhafte Erinnerungen einfach banalisieren und so tun, als sei nichts gewesen.

- Indem wir versuchen, die aufkommenden Erinnerungen zu betäuben, sodass wir sie nicht mehr fühlen müssen – beispielsweise, indem wir uns ständig irgendetwas Süßes in den Mund schieben, wir rauchen oder versuchen, das, was uns quält, in Bier, Wein oder Schnaps zu ersäufen oder mit Drogen oder Medikamenten auszuschalten. Im Moment scheint dies Erleichterung zu verschaffen, doch es hat keinen nachhaltigen Effekt. Sobald die Wirkung nachlässt, verlangt es uns nach Nachschub. Das können wir so lange betreiben, bis wir uns ernsthafte Gesundheitsprobleme einhandeln. Denn diese Art von Bewältigungsversuchen entwickeln meist eine Eigendynamik. Wir essen zu viel, rauchen, trinken zu viel oder nehmen Drogen und es geht eigentlich gar nicht mehr um den ursprünglichen Auslöser für dieses Verhalten. Je nach Art des Suchtmittels tritt nach einiger Zeit ein Gewöhnungseffekt ein und wir brauchen mehr davon, um die erwünschte Wirkung zu erzielen. Zudem verlieren wir bei zunehmender Abhängigkeit auch die Fähigkeit, rational und bewusst entscheiden zu können. Wir haben also unser Problem damit nicht gelöst, sondern zusätzliche neue Probleme geschaffen. Auch sich in die Arbeit, in Computerspiele oder in hektische Aktivitäten zu stürzen ist keine Lösung. Dies hat lediglich einen ähnlichen Betäubungseffekt wie Alkohol-, Drogen- oder Medikamentenmissbrauch oder Esssucht: Wenn wir innehalten, trifft uns das, wovor wir davonlaufen wollen, mit unverminderter Wucht. Eine Arbeit abgeschlossen zu haben bringt uns dann zwar kurzzeitig ein Gefühl der Befriedigung, doch wir brauchen gleich eine neue Aufgabe, in die wir uns stürzen können, damit unerwünschte Gedanken und Gefühle keine Chance haben, in unser Bewusstsein zu dringen.

- Indem wir vor allem flüchten, was uns an das Geschehen erinnern könnte, uns zurückziehen, um bestimmte Orte einen Bogen machen, bestimmten Menschen aus dem Weg gehen und auch bestimmte Aktivitäten vermeiden, da diese in unserem Bewusstsein – oder auch unbewusst – mit dem Geschehen verknüpft sind, an das wir nicht mehr erinnert werden wollen. Weil die Erinnerung uns als so schmerzhaft erscheint, soll das ungewollte Wiedererleben von Aspekten der belastenden Situation unbedingt vermieden werden. Sicher war dieses Vermeiden ursprünglich und eine gewisse Zeit lang sinnvoll, um Abstand zum Geschehen zu schaffen und dadurch leichter zu unserem inneren Gleichgewicht zurückzufinden. Behalten wir Vermeidungsverhalten jedoch dauerhaft bei, dann trägt es dazu bei, unsere Lebensqualität zu beeinträchtigen, da wir uns dadurch in unserer persönlichen, beruflichen und sozialen Entfaltung behindern. Unser Aktionsradius wird kleiner. Aufgrund der Einschränkungen, die das Vermeiden mit sich bringt, sind wir gezwungen, dauerhaft vielen Situationen aus dem Weg zu gehen. Das ist, wenn wir es längerfristig betrachten, keine hilfreiche Strategie für ein glückliches Leben.

Wenn also bekämpfen, flüchten, wegrationalisieren, betäuben und vermeiden wenig hilfreich sind und auch ständiges Nachgrübeln nichts an der Situation verändert, was dann tun? Irgendwie muss es ja weitergehen – und nicht nur das: Es soll innerlich Frieden einkehren und das Leben seine Qualität wiedergewinnen.
Loslassen ist die Herausforderung, um die es geht – damit wir nicht länger in einer inneren Haltung verharren, die unserer seelischen und körperlichen Gesundheit schadet und uns daran hindert, unser Leben mit unserem vollen Potenzial zu entfalten.

Wie Loslassen gelingen kann

Jemanden oder etwas loslassen können – worum geht es dabei? Im Gegensatz zum Wegdrängen, zum Betäuben oder Bekämpfen und zur Grübelei geht es beim Loslassen in erster Linie darum, zu akzeptieren, was geschehen ist und was jetzt ist. Sich dem Vergangenen und dem Gegenwärtigen mit den damit verbundenen Gefühlen zu stellen, ohne im Schmerz oder in Emotionen wie Wut oder Trauer unterzugehen:
Es ist, wie es ist. Und es kommt darauf an, was Sie daraus machen.
Dabei gibt es eine ganze Reihe von hilfreichen Methoden, mit denen Sie sich selbst dabei unterstützen können, Abstand zum Vergangenen zu finden und Frieden zu machen mit dem, was geschehen ist, und die gleichzeitig offen und aufgeschlossen machen für eine befreite Gegenwart und eine glückliche Zukunft.

Im nachfolgenden Praxisteil erfahren Sie, was dazu beiträgt, schmerzliches Geschehen besser loslassen und Zukunftsängste in den Griff bekommen zu können, und wie dies auch dann möglich ist, wenn Sie das, was Sie quält, schon über eine lange Zeitspanne mit sich herumtragen. Mit zunehmendem Alter fällt es zwar weniger leicht, Gefühls- Denk- und Verhaltensmuster zu wandeln, doch ausdauerndes Üben ermöglicht dann doch die Veränderung (siehe dazu auch S. 102).
Als Erwachsene bringen wir zudem zwei wesentliche Voraussetzungen mit, die bei Kindern und Jugendlichen viel weniger ausgeprägt sind: Leidensdruck und Motivation.
Experimentieren Sie! Erleben Sie, dass weit mehr an Veränderung möglich ist, als Sie vielleicht bisher glaubten – und Sie immer besser in der Lage sein werden, Ihre Emotionen zu steuern, statt von ihnen gesteuert zu werden.

Teil 2

Teil 2: Sich das Leben zurückerobern

Dieser zweite Teil des Buches bietet Ihnen eine Reihe von praktischen Strategien, Methoden und Übungen, die Ihnen dabei helfen, mit belastenden Erinnerungen besser zurechtzukommen. Dies macht nichts ungeschehen, Sie werden auch nicht angeleitet, zu vergessen oder etwas auszulöschen, vielmehr vollzieht sich Zug um Zug ein Denk-, Fühl- und Verhaltenswechsel und Sie können schließlich das Geschehen mit einem neuen Blick betrachten. Hilfreich dazu sind die folgenden 7 Impulse:

1. Achtsamkeit üben
2. Dem inneren Geschehen Ausdruck geben
3. Zur Ruhe kommen
4. Sich mit der eigenen Geschichte versöhnen
5. Überzeugungen ändern und neue Ziele finden
6. Vertrauen neu lernen
7. Die Lebenszufriedenheit stärken

Indem Sie Erfahrungen mit den nachfolgenden Übungen zu diesen 7 Feldern der Selbstentwicklung und Selbstsorge sammeln, schulen Sie sich darin, Ihre Gefühle bewusster wahrzunehmen, sie ohne abwertende Interpretationen zu akzeptieren. Gleichzeitig entdecken Sie auch neue Denk- und Verhaltensweisen für sich selbst. Generell hängen Aufwand und Lernerfolg dabei vom jeweiligen Stand der Dinge ab: Wie stark sich Ihr tägliches Denken und Fühlen auf die Vergangenheit oder auch auf die Zukunft bezieht, wie alt Sie sind – was heißt, wie lange bestimmte Muster des Denkens und Fühlens gepflegt werden, wie hoch Ihre Motivation zur Veränderung ist und so weiter.

Verschiedene Entspannungstechniken unterstützen Sie dabei, zur Ruhe zu kommen – gerade dann, wenn vergangenes Geschehen und die damit verbundenen Emotionen sich ins Bewusstsein drängen. Mit kreativen Ausdrucksformen gelingt es, das, was Sie innerlich bewegt, auf eine entlastende Weise zu artikulieren. Indem Sie Ihre Achtsamkeit konsequent schulen, werden die gedanklichen Ausflüge in die Grübelei seltener und das bewusste Wahrnehmen und Erleben des Hier und Jetzt intensiver.

Versöhnungsrituale helfen Ihnen dabei, Frieden mit der Vergangenheit zu schließen und die im Hadern mit dem Gewesenen gebundene Energie nun für die Gestaltung Ihres momentanen Lebens freizusetzen. Dies bereitet den Boden dafür, innere Überzeugungen wirksam verändern zu können, und auch dafür, wieder Vertrauen in andere Menschen zu fassen.

Puh, sagen Sie jetzt vielleicht, das ist aber ein Aufwand! Ja, das stimmt einerseits, denn es gibt ganz unterschiedliche Ansatzpunkte, an denen es aktiv zu werden gilt. Andererseits: Nein, verglichen mit dem, was die bisherigen Bewältigungsversuche Sie an Zeit und Energie gekostet haben. Denken Sie nur etwa an die ständige Grübelei oder den Kampf gegen unerwünschte Erinnerungen und Emotionen, die kaum eine Perspektive aufweisen, etwas zu verändern.

Es gilt also: Energie aufwenden, um das weiterzumachen, was schon bisher nicht wirklich funktioniert hat – oder: Energie aufwenden mit der Aussicht, dass die Dinge sich zum Besseren wenden und ihre Lebensfreude und Lebenszufriedenheit sich erheblich vergrößern: Mit dieser Betrachtungsweise dürfte die Entscheidung nicht allzu schwerfallen, oder?

1. Impuls: Achtsamkeit üben

Nicht nur in spirituellen Traditionen gilt Achtsamkeit als Schlüssel, um die Wahrnehmung von sich selbst und dem persönlichen Lebensumfeld zu verändern. Vielmehr hat man in den letzten Jahrzehnten mehr und mehr erkannt, welch wichtige Rolle dem Üben der Achtsamkeit beim Bewältigen von Stress und Belastungen sowie der (Weiter-)Entwicklung persönlicher Stärken und Ressourcen zukommt. Gleichzeitig ist Achtsamkeit auch der Gegenpol zum Aufmerksamkeitsdefizit – und damit ein effektives Mittel gegen Unkonzentriertheit und Verzettelung.

Bei den 7 Impulsen steht Achtsamkeit an erster Stelle, denn sie ist die Grundlage, auf die die nachfolgenden Impulse aufsetzen können. Sie fördert Kreativität, unterstützt Entspannung, erleichtert Versöhnungsprozesse, hilft dabei, die richtigen Ziele zu finden, gute Kontakte zu anderen Menschen aufzubauen und die Lebenszufriedenheit zu stärken.

Was ist Achtsamkeit?

Achtsam sein bedeutet, mit der Aufmerksamkeit ganz in der Gegenwart zu sein – mit allen Sinnen bei dem zu sein, was gerade geschieht. Mit einer Haltung der Achtsamkeit begegnen wir allem, was wir erleben, genauso, wie es sich im gegenwärtigen Moment darstellt. Das heißt, offen zu sein für das genaue Wahrnehmen gegenwärtiger Erfahrungen. Wenn wir achtsam sind, sind wir wach und konzentriert. Dies lässt automatisch ablaufende Gedanken- und Gefühlsmuster in den Hintergrund treten und verhindert, uns gedanklich und gefühlsmäßig in ihnen zu verheddern. Manchmal ist es vergangenes Geschehen, das uns vereinnahmen will – wenn wir bestimmte Ereignisse immer und immer wieder innerlich durchleben –, manchmal plagen uns Sorgen um mögliche Ereignisse in der Zukunft. Beides verhindert, das wahrzunehmen, was gerade geschieht. Allzu leicht vergessen wir, dass wir tatsächlich nur in der Gegenwart existieren und nur den jeweils gegenwärtigen

Augenblick unmittelbar erleben können, während Vergangenheit und Zukunft sich nie direkt erfahren lassen. Wer sich von der Vergangenheit oder der Zukunft gefangen nehmen lässt, dem fehlt es häufig an der Fähigkeit dazu, das wahrzunehmen und zu erleben, was im Hier und Jetzt geschieht – in uns und um uns herum. Dann kann es leicht passieren, dass die Gegenwart an uns vorbeijagt und schon zur Vergangenheit geworden ist, ohne dass wir überhaupt einen Moment davon bewusst registriert haben.

Die Konzentration auf das Jetzt hilft auch dabei, eingespurte Reaktionsmuster auf äußere Reize oder auf Gedanken und Gefühle zu unterbrechen, uns nicht in Gedanken und Verhaltensweisen hineinzukatapultieren, die Angst, Selbstzweifel, Niedergeschlagenheit und Stresszustände schüren. Gelassenheit anstelle von »Kampf oder Flucht« zu entwickeln, darum geht es dabei.

Achtsamkeit ist die innere Erlaubnis dafür, das Gegenwärtige einfach nur wahrzunehmen und nichts weiter. Ziel ist es, sich rein auf das Registrieren dessen zu beschränken, was gerade da ist, und den Drang loszulassen, das Wahrgenommene reflexhaft bewerten oder verändern zu wollen.

Wie wir wissen, lassen sich Gedanken und Gefühle nicht voneinander trennen. Indem wir achtsam sind, üben wir gleichzeitig, bewusster auf unsere Gefühle zu achten, und erhöhen damit die Möglichkeit, uns von belastenden Emotionen und den damit verbundenen Denkmustern zu lösen. Wir beobachten, wie Gefühle und Gedanken an vergangenes Geschehen auftauchen – und wie sie, wenn wir sie einfach nur wahrnehmen, sie weder bewerten noch bekämpfen wollen, auch wieder in den Hintergrund treten, wie sie vorüberziehen, ohne dass wir uns gedanklich und gefühlsmäßig darin verwickeln.

Wahrnehmen, was ist

Achtsamkeit setzt keine komplizierten Vorbereitungen, Anleitungen oder Regularien voraus. Wir bemühen uns, innezuhalten und jeweils den gegenwärtigen Moment ganz zu erfassen. Der Moment, den wir wahrnehmen, gehört im nächsten Moment schon der Vergangenheit an und lässt sich zudem nicht wiederholen. Die Aufmerksamkeit für das Gegenwärtige ist also stets eine einmalige Chance. Gewissermaßen ist es ein Geschenk, wenn wir »ganz da« sind. Denn dann sind wir frei von Verstrickungen ins Gestern und von Spekulationen in Bezug auf das Morgen.

Um die Kraft des Augenblicks auf ganz einfache Weise zu erfahren, führen Sie bitte folgende Übung zur Selbstwahrnehmung durch:

Übung 1: Ich bin

Sorgen Sie dafür, für etwa zehn Minuten ungestört zu sein, und wählen Sie dafür einen geeigneten Ort.

- Setzen Sie sich bequem auf einen Stuhl oder Sessel, atmen Sie einige Male tief durch und schließen Sie die Augen. Geschlossene Augen haben den Vorteil, dass Sie nicht durch optische Eindrücke abgelenkt werden.
- Richten Sie Ihre Aufmerksamkeit auf Ihren Körper. Spüren Sie Ihre Füße, wie sie den Boden berühren. Spüren Sie Ihren Po und die Sitzfläche, die er ausfüllt. Nehmen Sie Ihren Rücken wahr, spüren sie, wie er die Lehne berührt. Gehen Sie mit Ihrer Aufmerksamkeit zu Ihren Händen und spüren Sie, wo und wie sie aufliegen.
- Richten Sie nun Ihre Aufmerksamkeit auf das, was Sie gerade fühlen. Nehmen Sie wahr, wie es Ihnen geht und in welcher Stimmung Sie sind. Nehmen Sie zur Kenntnis, was da los ist, bewerten Sie nicht, was Sie wahrnehmen, und denken Sie auch nicht darüber nach, warum jetzt gerade dieses Gefühl da sein könnte und warum nicht ein anderes. Registrieren Sie einfach nur, was ist.
- Richten Sie Ihre Aufmerksamkeit dann auf Ihre Gedanken. Stellen Sie sich dabei vor, Sie hätten die Aufgabe, auftauchende Gedanken aufzuschreiben. Dazu müssen Sie natürlich ganz genau beobachten, welche Gedanken auftauchen. Beobachten Sie, welche Gedanken erscheinen, ohne sie zu bewerten oder sie wegdrängen zu wollen. Lassen Sie sie kommen und gehen.

- Nehmen Sie dann einige tiefe Atemzüge und spüren Sie bei jedem einzelnen, wie der Atem ein- und ausströmt. Konzentrieren Sie sich ganz auf das Ein- und Ausatmen.
- Öffnen Sie dann wieder die Augen und lockern Sie Ihre Muskeln. Seien Sie auch dabei ganz präsent. Und fahren Sie mit dem fort, womit Sie vor der kleinen Bewusstheitspause beschäftigt waren.

Dies ist eine Übung, die Sie im Alltag immer mal wieder ohne viel Aufwand zwischendurch machen können. Innehalten, wahrnehmen, sich selbst spüren. Mal wird es gut gelingen, mal weniger gut, mal sind Sie konzentriert dabei, mal wollen die Gedanken ständig in die Vergangenheit oder die Zukunft abdriften. Nehmen Sie das zur Kenntnis, werten Sie nicht. Es geht nicht darum, möglichst perfekt zu sein, denn auch diese Intention wäre ja bereits wieder eine Ablenkung. Nehmen Sie's, wie es kommt. Sobald Sie merken, Sie schweifen ab, lenken Sie Ihre Aufmerksamkeit immer wieder geduldig zurück zu Ihrem Körperempfinden, Ihrem Fühlen und der Beobachtung Ihres Denkens. Achtsamer Umgang mit Gedanken und Gefühlen bedeutet eben tatsächlich, sich nicht damit zu identifizieren, nicht in sie hineingesogen zu werden, sondern nur schlicht wahrzunehmen, wie sie auf- und wieder abtauchen.

Wenn Sie diese Übung im Alltag kontinuierlich einmal oder auch mehrmals am Tag durchführen, werden Sie nach einiger Zeit des Übens merken, wie es Ihnen immer leichter fällt, sich zu konzentrieren und ganz im Hier und Jetzt zu sein.

Für Pamela war diese einfache Übung eine besondere Herausforderung, da sie großen Wert darauf legt, Dinge »richtig« zu machen und sie immer mehr zu vervollkommnen. »Ich habe mich in der ersten Zeit vor allem immer wieder dabei ertappt, dass ich die Gedanken, die kommen, kommentieren will. Dass ich mich darüber ärgere, wenn ich mich dabei ertappe, und mich dann sofort noch mehr ärgere und auch das wieder bewerte. Und schon bin ich wieder mitten drin in einer Grübelspirale. Und ärgere mich auch darüber. Hier loszulassen und eine Haltung des reinen Betrachtens und Geschehen-Lassens zu entwickeln, erschien mir unmöglich. Ich bin froh, trotzdem bei der Stange geblieben zu sein, denn nach einiger Zeit des Übens gelang es mir besser und ich merkte, dass ich auch im Alltagsgeschehen gelassener und geduldiger geworden bin. Heute ist mir diese Übung so vertraut, dass ich sie nicht mehr missen möchte.«

Alltägliche Abläufe nutzen

Sich bewusst kleine Auszeiten für das Einüben von Achtsamkeit zu nehmen ist das eine – doch darüber hinaus eignet sich fast jeder unserer alltäglichen Abläufe dafür, achtsam und gelassen zu sein. Vom Bedienen des Fotokopierers über die Zubereitung von Mahlzeiten bis zum Spülen von Gläsern. Dabei nehmen wir all das wahr, was passiert, Handgriff für Handgriff, und konzentrieren uns darauf, diese gewohnten Abläufe zu verlangsamen und bewusst zu erleben.

Es kostet nur wenige Minuten täglich, diese gewöhnlichen Aktivitäten bewusst achtsam durchzuführen, die wir sonst eilig und nebenbei durchführen – banale Tätigkeiten eben, wie Duschen, Zähne putzen, Hände waschen, Autofahren oder die Post aus dem Briefkasten holen. Hierbei innezuhalten und die nächsten Momente lang ganz bewusst bei der jeweiligen Tätigkeit zu sein, bedarf keines Aufwands, bewirkt aber viel, was unser alltägliches Erleben angeht. Achtsames Gehen oder achtsames Stehen lässt sich üben: Während wir vor der Supermarktkasse warten, während wir in der Postfiliale für das Abholen eines Pakets anstehen oder während wir vom Parkplatz oder der S-Bahnstation aus zu einem Termin gehen. Entscheidend ist dabei stets, in solchen Momenten aus dem Gewohnheits-Modus auszusteigen und die Aufmerksamkeit ganz auf die Gegenwart, den Körper, das Fühlen, das konkrete Tun zu richten. In der Regel verlangsamen sich in Achtsamkeit ausgeführte Tätigkeiten ganz automatisch – wer ganz dabei ist, schludert nicht.

Jede unserer alltäglichen Handlungen lädt dazu ein, Achtsamkeit zu üben. Indem wir diese Gelegenheiten nutzen, gelingt es uns immer besser, innerlich zur Ruhe zu kommen und uns in der Gegenwart zu verankern. Zudem hilft das bewusste Verlangsamen einer Tätigkeit dabei, aus gewohnten Mustern auszusteigen.

Achtsamkeit befreit aus der immer wiederkehrenden Beschäftigung mit der eigenen Situation und mit dem, was war und was sein könnte. Statt zu grübeln, Vergangenem nachzutrauern oder sich Sorgen um die Zukunft zu machen, öffnen Sie sich für das, was gerade ist: die Bewegung der Hände im Wasser, die Temperatur, das Geräusch, das entsteht, wenn Sie ein Glas auf den Abtropf stellen. Es spielt dabei keine Rolle, wie oft Sie in der Vergangenheit Gläser abgespült haben oder wie oft Sie das wohl noch in der Zukunft tun werden. Es ist auch nicht angesagt, sich gedanklich mit dem zu beschäftigen, was Sie anschließend tun wollen, oder mit dem, was Sie vorher getan haben. Vielmehr sind Sie ganz im Jetzt und nehmen jede kleine Veränderung wahr.

Übung 2: Ganz dabei sein

Richten Sie Ihre Aufmerksamkeit auf das, womit Sie gerade beschäftigt sind. Lenken Sie Ihr Denken und Fühlen ganz auf dieses »Jetzt«, auf den gegenwärtigen Moment – egal, was Sie gerade tun.

Die Übung ist einfach und schwierig zugleich. Einfach deswegen, weil es um nichts anderes geht, als das, was Sie gerade tun, mit ihrer ganzen Aufmerksamkeit auszuführen. Schwierig deswegen, weil die Gedanken dazu neigen, spazieren zu gehen und in die Vergangenheit oder in die Zukunft abzudriften. Dann gilt es, die Gedanken immer wieder geduldig auf Ihr aktuelles Tun zurückzulenken.

Kritisieren Sie sich nicht, weil Ihnen immer wieder Gedanken in den Sinn kommen, die nichts mit dem zu tun haben, worauf Sie sich jetzt gerade konzentrieren wollen. Holen Sie die Gedanken immer wieder in die Gegenwart zurück.

Wechseln Sie während des Tages mehrmals in diese konzentrierte Aufmerksamkeit. Auf diese Weise können Sie sich mühelos mit der achtsamen inneren Haltung verbinden und damit Ihre Fähigkeit, im Jetzt zu sein, immer weiter stärken.

»Für mich hatte gerade diese Übung etwas Tröstliches«, sagt Mario, »denn sie half mir, tatsächlich wieder etwas zu empfinden, in Bezug auf das, was ich erlebe. Und dass die Aufmerksamkeit sich auf etwas ganz Banales richten kann: an der S-Bahn-Station zu stehen. Die Bahn kommen zu sehen. Mich selbst wahrzunehmen, wie ich hier stehe, und der Bahn entgegenzusehen. Bewusst mitzukriegen, wie die Türen aufklappen, Menschen aussteigen, sie anzuschauen, manchmal auch zu lächeln. Dann mich selbst in Bewegung zu setzen, einzusteigen. Menschen wahrzunehmen. Vor allem das war und ist auch immer noch befreiend für mich. Dass es um nichts geht. Dass ich mir keine Gedanken machen muss, ob die Trauer um Linda irgendwann nicht mehr mein Leben bestimmt, ob ich jemals wieder jemanden finden könnte, die mir so viel oder ähnlich viel bedeuten könnte. Dass es darum jetzt nicht geht, dass es im Hier und Jetzt keine Rolle spielt. Sondern ich einfach da sein und die Dinge wahrnehmen kann. Tröstlich war es für mich deswegen, weil ich nicht das Gefühl hatte, etwas Unangemessenes zu tun, nichts, was meine Verbundenheit mit Linda infrage stellen könnte.«

Achtsamkeitsübungen können Sie also überall durchführen: zu Hause, im Büro, unterwegs, in der Freizeit, im Vorfeld von Terminen. Nutzen Sie auch Wartezeiten – vor der Kasse im Supermarkt, vor einer Ampel, beim Arzt –, um wahrzunehmen, was ist, und jeden Augenblick davon bewusst zu erleben. Beim Warten auf den Bus, beim Zähneputzen, unter der Dusche, während der Arbeit, im Café an der Ecke, im Park beim Vögelfüttern oder einfach nur beim Sitzen auf einer Bank – in nahezu jeder Situation.

Sie werden die Erfahrung machen, dass Achtsamkeitsübungen, eingeflochten in den Alltag, praktiziert in Bezug auf ganz normale Tätigkeiten, Sie ruhiger und gelassener werden lassen.

Das Jetzt-Bewusstsein stärken

Wir alle verfügen grundsätzlich über die Fähigkeit, unsere Aufmerksamkeit bewusst und absichtlich zu lenken. Je häufiger wir uns in Achtsamkeit üben, desto leichter wird es uns fallen. Die entsprechenden neuronalen Netze werden gestärkt und wir bilden anstelle der bisherigen Muster neue Denk-, Fühl- und Verhaltensmuster aus.

Indem Sie sich auf die Gegenwart konzentrieren, lassen Sie die Vergangenheit hinter sich und verlieren sich auch nicht in Spekulationen über die Zukunft. Jedes Mal, wenn Sie nicht darüber nachdenken, wie das Leben sein müsste, sein könnte oder sein sollte, sondern stattdessen die Gegenwart so erleben und akzeptieren, wie sie ist, setzen Sie damit auch in Ihrem Gehirn wichtige Impulse dafür, statt der bisherigen neue Verknüpfungen zu generieren. Sie wissen ja: Worauf

Sie Ihre Aufmerksamkeit richten, bestimmt ganz wesentlich, wie Sie sich selbst und die Welt wahrnehmen.
Wenn Sie bei verschiedensten Gelegenheiten im Alltag immer mal wieder innehalten und nur einige Minuten lang aufmerksam wahrnehmen, was gerade ist, in welchem Umfeld Sie sich befinden, wie Sie selbst sich fühlen und bewegen und in welcher Weise Sie in Kontakt mit dem sind, was Sie umgibt, dann werden Sie unmittelbar ruhiger, konzentrierter, gelassener werden.

Denk- und Fühlmuster achtsam infrage stellen

Nach einiger Zeit des Übens von Achtsamkeit merken Sie, dass es Sie immer weniger Mühe kostet, Abstand zu finden von dem, was Sie bisher gedanklich in der Vergangenheit oder auch in zukünftigen Erwartungen und Befürchtungen festgehalten hat. Dadurch wächst in Ihnen ein tieferes Verständnis für sich selbst. Sie erleben immer häufiger, wie Sie jenseits allen Übens auch mit belastenden Situationen besonnen und aufmerksam umgehen können – ohne sich im eigenen Denken und Fühlen zu verlieren. Um sich selbst und Ihren Mustern auf die Spur zu kommen, hilft Ihnen folgendes, spielerisch gemeintes Experiment:

Übung 3: Denkmuster erkennen

Für diese Übung nutzen Sie die Weckerfunktion Ihres Smartphones. Stellen Sie mehrere »Weckzeiten« über den Tag verteilt ein. Jedes Mal wenn der Alarm läutet, machen Sie sich bewusst, woran Sie gerade denken.

- Notieren Sie dann kurz, ob Sie mit Ihren Gedanken bei dem waren, was Sie gerade getan haben.
- Falls nicht: Schreiben Sie auf, woran Sie gerade gedacht haben, als Sie den Alarm gehört haben.
- Wenn Sie mit ihren Gedanken woanders waren, bewerten Sie dies nicht negativ. Nehmen Sie es einfach nur zur Kenntnis – in der Rolle eines Beobachters/einer Beobachterin.

Werfen Sie, wenn Sie etwa zehn Einträge gesammelt haben, einen Blick auf Ihre Notizen. Gibt es Übereinstimmungen, Dinge, mit denen Sie sich häufig gedanklich beschäftigen? Auch hier gilt wieder: Vermeiden Sie Bewertungen, etwa ein Einordnen in gute, schlechte, richtige, falsche, passende, unpassende Gedanken oder Ähnliches.

Die Übung dient dazu, sich selbst und die eigenen Denkgewohnheiten besser kennen und akzeptieren zu lernen – und indirekt natürlich auch dazu, das Bei-der-Sache-Sein zu fördern.

Sich seiner Gedanken bewusster zu werden ist das eine, sich der eigenen Gefühle bewusster zu werden das andere. Häufig ist beides miteinander verknüpft. Ein Gefühl erzeugt einen Gedanken, dieser wieder ein Gefühl, dieses wieder einen Gedanken ... Oder ein Gedanke steht am Anfang und erzeugt ein Gefühl, dieses wieder einen Gedanken ... und so weiter. Diese Art der Gefühls-Gedanken-Ketten führt uns meist aus dem gegenwärtigen Erleben hinaus, wir drohen, uns in Erinnerungen oder Befürchtungen zu verlieren, und drängen dann ein auftauchendes Gefühl lieber weg, weil wir befürchten, es könnte uns überwältigen (siehe auch Abschnitt

»Sackgassen: Was selten oder nie funktioniert«).

Während wir in der Regel keine Probleme damit haben, Emotionen wie Freude, Liebe oder Überraschung zuzulassen, ist es im Fall von Gefühlen wie Ärger, Traurigkeit, Ekel, Furcht, Scham und Schuld eben nicht so einfach. Trotzdem haben diese Gefühle ihre Berechtigung und ihren Sinn. Und auch wenn sie sehr unangenehm sind oder uns zunächst die Ruhe rauben, kommen wir besser zurecht, wenn wir schwierige oder schmerzliche Gefühle zulassen und auch sie mit Achtsamkeit behandeln, anstatt sie unterdrücken oder bekämpfen zu wollen. Worum es dabei geht: die eigenen Gefühle wahrzunehmen, ohne sich von ihnen »überschwemmen« oder vereinnahmen zu lassen. Dabei kann Ihnen folgende Übung helfen:

Übung 4: Gefühle wahrnehmen

Machen Sie diese Übung, wenn Sie innerlich bereit sind, auftauchende Gefühle zu spüren – egal, um welche es sich handelt.

Erkennen Sie das Gefühl an, das sich da seinen Weg vom Unbewussten an die Oberfläche gebahnt hat, indem Sie sich etwa sagen: »Ich fühle mich gerade ängstlich und das ist okay« oder »Ich spüre gerade eine Traurigkeit in mir und lasse das zu« oder »Ich merke, dass da Zorn in mir aufsteigt, und das ist ganz normal.«

Erinnern Sie sich daran: Die meisten Gefühle verschwinden nach einiger Zeit wieder von allein, wenn wir bereit sind, sie zu spüren und anzuerkennen, dass sie eine Existenzberechtigung haben.

Wenn Sie morgens beispielsweise Wut oder Ärger spüren, dann können Sie sich mittags schon ganz anders fühlen. Gefühle kommen und gehen – wenn wir nicht gegen sie ankämpfen oder uns in sie hineinsteigern.

Machen Sie sich bewusst: Sie selbst und Ihre Gefühle sind zwei unterschiedliche Dinge. Sie haben Gefühle, aber Sie sind nicht Ihre Gefühle.

Wenn wir uns von Gefühlen überflutet fühlen, meinen wir, machtlos zu sein und ganz von diesem Gefühl ausgefüllt zu sein: von Zorn, Angst, Trauer und so weiter und sind dann auch in unserem Handeln nicht souverän, sondern fühlen uns von der jeweiligen Emotion gesteuert.

Allein die Formulierung kann Ihnen immer wieder klarmachen, dass Sie selbst und Ihre Gefühle zwei unterschiedliche Dinge sind.

Testen Sie, wie sich der Satz »Ich bin ängstlich« anfühlt im Gegensatz zu »Ich spüre das Gefühl ›Angst‹ im Bauch«. Oder: »Ich bin zornig« im Gegensatz zu »Ich spüre ein Gefühl des Zorns in mir aufsteigen«.

Nehmen Sie wahr, welchen Unterschied allein diese unterschiedlichen Formulierungen machen.

Der achtsame Umgang mit Gefühlen trägt dazu bei, uns nicht länger davor zu fürchten oder sie bekämpfen zu wollen. Sie kommen und gehen. Sie dürfen auftauchen, sie dürfen sich auch wieder auflösen.

Achtsam sein mit allen Sinnen

Während die ersten vier Übungen darauf abzielten, Ihre Aufmerksamkeit darauf zu richten, was in Ihnen vorgeht – in Ruhe und im aktiven Tun, richten Sie bei der nächsten Übung Ihre Aufmerksamkeit nach außen. Dazu nutzen Sie nacheinander erst Ihren Hör- und dann Ihren Sehsinn. Mit unserem Gehör nehmen wir eine Vielfalt von Klängen, Tönen, Geräuschen wahr. Dies geschieht oftmals unbewusst, denn wir haben zwar Augenlider, aber keine Ohrenlider. Insofern sind unsere Ohren ständig auf Empfang gestellt. Vieles rauscht einfach so an uns vorbei und wird vom Bewusstsein nicht registriert. Ganz anders, wenn wir uns bewusst Hör-Genüssen hingeben, wie beispielsweise beim Besuch eines Konzerts.

Übung 5: Hinhören

Nehmen Sie sich fünf Minuten Zeit und sorgen Sie dafür, ungestört zu sein. Öffnen Sie ein Fenster, setzen Sie sich bequem hin und schließen Sie die Augen.

Registrieren Sie nun die Geräuschkulisse, die an Ihr Ohr dringt – Autos, die draußen vorbeifahren, ein zwitschernder Vogel, der Wind in den Bäumen, ein Flugzeug über den Dächern, Stimmen von Passanten, Schritte, die lauter und wieder leiser werden.

Lauschen Sie dem, was Sie im gegenwärtigen Augenblick hören, mit voller Aufmerksamkeit.

Und wieder gilt: nicht bewerten, nicht analysieren, einfach nur wahrnehmen.

Diese einfache Übung des achtsamen Hinhörens führt Sie weg aus Ihrer Innenwelt und den gewohnten Gedanken. Stattdessen bleiben Sie konzentriert auf Ihre Umgebung und beschäftigen sich mit dem, was Sie »draußen« wahrnehmen.

Der Sehsinn gilt als unser wichtigstes Sinnessystem, da er uns etwa 80 Prozent aller Informationen über unsere Umgebung liefert. Das visuelle System erzeugt aus dem riesigen Strom an Informationen, der fortwährend über unsere Augen eintrifft, im Kopf ein stimmiges Abbild der Umgebung.

Dieses achtsame Schauen lässt sich im Alltag bei vielen Gelegenheiten praktizieren: In Wartesituationen, beim Spazierengehen, im Café ...

Übung 6: Hinsehen

Nehmen Sie sich wieder fünf Minuten Zeit und sorgen Sie dafür, ungestört zu sein. Setzen Sie sich bequem hin und sehen Sie sich ganz bewusst in dem Raum um, in dem Sie sich befinden.

Lassen Sie den Blick langsam von einem Gegenstand zum nächsten wandern, verweilen Sie in der Betrachtung von Formen und Farben und würdigen Sie dabei jedes Detail.

Benennen Sie gedanklich alles, was Sie sehen. Und: Denken Sie nicht über das nach, was Sie sehen, sondern gehen Sie jeweils ganz bewusst von Gegenstand zu Gegenstand.

Pamela, Kerstin und Mario haben ganz unterschiedliche Erfahrungen mit dem *Hin-Hören* und *Hin-Sehen* gemacht. Pamela empfindet das Hinhören als wesentlich entspannender als das Hinsehen. »Es tut mir richtig gut, visuelle Eindrücke auszublenden und mich ganz auf das Hören zu konzentrieren. Ich erlebe das als sehr beruhigend.«

Kerstin hingegen macht das Hinsehen besonders Spaß. »Ich entdecke bei dieser Übung jedes Mal viele Details, die mir normalerweise völlig entgehen. Kürzlich saß ich in der S-Bahn und übte Hinsehen beim Blick aus dem Fenster, schaute auf die vorbeiziehende Landschaft. Und plötzlich war ich fasziniert von den vielen Grüntönen, die zu sehen sind, wenn die Sonne durch ein Blätterdach scheint. Ich dachte, das würde ich gerne malen.«

Mario widerstrebt es, Hören und Sehen isoliert zu erleben. »Wenn ich einen Vogel singen höre, kann ich mich noch besser auf den Gesang konzentrieren, wenn ich auch sehe, was er dabei macht, wenn ich seine Bewegungen wahrnehme. Irgendwie unterstützt sich das bei mir in meiner Konzentration gegenseitig: das Hinhören und das Hinsehen.«

Erfahrungen wie diese machen viele Menschen, wenn sie ihre ungeteilte Aufmerksamkeit Reizen in der Umgebung widmen, und jeder hat dabei seine ihm eigene Zugangsweise. Nicht nur Sehen und Hören, sondern auch Schmecken, Riechen und Fühlen sind gute Übungsfelder für Achtsamkeit. Ein gutes Beispiel dafür ist Essen.

Übung 7: Essen mit allen Sinnen

Nehmen Sie sich bei der nächsten Mahlzeit die Zeit, das Gericht auf dem Teller genau anzusehen. Nehmen Sie die Farben wahr, die verschiedenen Formen und Strukturen. Wonach riecht es? Dann erst nehmen Sie das Besteck zur Hand. Spießen Sie den ersten Bissen auf Ihre Gabel. Konzentrieren Sie sich ganz genau auf Geruch und Geschmack. Welche Nuancen können Sie herausschmecken?

Tasten Sie das Essen mit der Zunge ab, erkunden Sie die Konsistenz. Kauen Sie langsam und sorgfältig. Nehmen Sie wahr, wie Ihr Speichel fließt und sich während des Kauens die Konsistenz verändert. Schlucken Sie und spüren Sie dabei, wie der Bissen auf seinen Weg in den Magen Hals und Schlund passiert. Lassen Sie Ihr Besteck sinken und nehmen Sie das Geräusch wahr, das entsteht, wenn Messer und Gabel den Tisch berühren.

Nehmen Sie einige Bissen auf diese bewusste und aufmerksame Weise, bevor Sie zu Ihrem normalen »Ess-Modus« übergehen. Wahrscheinlich werden Sie die Erfahrung machen, dass sich nach dieser Achtsamkeitsübung Ihre Essgeschwindigkeit ganz von selbst etwas reduziert.

Wenn Sie Achtsamkeit üben, werden Sie sich zunehmend Ihrer Gedanken, Gefühlen und Körperempfindungen bewusst, und Sie entwickeln auch mehr Sensibilität für das, was Sie umgibt. Das lässt Sie gegenwärtiges Geschehen intensiver erleben – statt dass es einfach an Ihnen vorbeizieht, während Sie mit Gestern oder Morgen beschäftigt sind.

Achtsamkeit als Aufmerksamkeit für sich selbst und für die Umgebung fördert die Klarheit und auch die Fähigkeit, Gegenwärtiges als etwas Gegebenes anzunehmen, es voll und ganz zu akzeptieren. Zudem erleben Sie so deutlich, dass das ganze Leben aus einer Folge einzelner Augenblicke besteht, wie diesem, der sich jetzt gerade ereignet.

2. Impuls: Dem inneren Geschehen Ausdruck geben

Zwischen emotionalem Erleben und Kreativität besteht ein enger Zusammenhang. Bildende Kunst, Tanz, Musik und Literatur können Gefühle auslösen und eine emotionale Verbindung zwischen kreativ Schaffenden und Betrachter/innen, Zuhörer/innen, und Leser/innen herstellen. Menschen berührender, kreativer Ausdruck ist ohne Gefühle nicht denkbar. Denken Sie beispielsweise daran, wie Filmmusik eingesetzt wird, um Aggressionen, Trauer, Freude oder Angst auszudrücken. Sich in den vielfältigen Ausdrucksformen von Kunstschaffenden, Tänzern, Musikern und Literaten wiederzufinden ist das eine, selbst kreativ zu werden und den eigenen Gefühlen eine Form zu geben das andere. Wir brauchen beides.

Kreative Ausdrucksformen

Bei den 7 Impulsen steht der kreative Ausdruck an nächster Stelle, denn auf der Basis der Achtsamkeit ist Kreativität der zweite Schritt, um das, was hinter uns liegt, loszulassen und dem, was vor uns liegt, mit Offenheit und Fantasie eine Form zu geben.
Wenn wir darunter leiden, Vergangenes nur schwer loslassen zu können, und wir aufgrund des erfahrenen Leides Befürchtungen für unsere Zukunft hegen, mangelt es uns oft auch an Vertrauen in unsere kreativen Gestaltungsmöglichkeiten – gepaart mit dem zunehmenden Gefühl von Machtlosigkeit und innerer Leere.
Wir brauchen neue Erfahrungen, brauchen kreative Möglichkeiten wie Malen, Zeichnen, Tanz, Musik, künstlerische Gestaltung, kreatives und biografisches Schreiben und so weiter. Dies hilft uns auszudrücken, was in unserem Inneren vor sich geht. Und es ermöglicht Begegnung mit anderen, Austausch und gute Erfahrungen im Zusammensein oder auch Zusammenarbeiten mit anderen, die in ähnlicher Weise unterwegs sind wie wir selbst. Da gilt es, zu experimentieren, was geeignete kreative Möglichkeiten

sind, dem, was uns innerlich bewegt, eine Form zu geben. Meist gibt es nicht nur eine einzige Ausdrucksform, sondern mehrere. Gestehen Sie sich dies zu und seien Sie offen dafür, Dinge auszuprobieren, mit denen Sie bisher noch keine Erfahrungen gemacht haben. Haken Sie nichts im Vorfeld einfach nur ab nach dem Motto: »Kann ich sowieso nicht.« Kreativ zu sein heißt Entdecken, Erkunden, Erleben. Es heißt nicht: sich zu überlegen, wie gut andere das finden könnten, was wir hervorbringen.

Nacheinander werden wir uns in diesem zweiten Impuls mit verschiedenen kreativen Ausdrucksformen beschäftigen. Das hat zum Ziel, diese für sich selbst zu nutzen, um sich von vergangenem Geschehen zu entlasten und den gegenwärtigen Gefühlen oder auch vorhandenen Befürchtungen eine Form zu geben. Der Schlüssel dazu sind die Erinnerungen ebenso wie die Sorgen, die uns plagen, die Gefühle, die uns zu schaffen machen. Es gibt viele unterschiedliche Arten, Gefühlen wie Angst, Trauer, Sehnsucht, Wut, Schuld, Scham, Verwirrung und so weiter kreativ Ausdruck zu verleihen. In diesem Buch möchte ich Ihnen einige davon vorstellen:

- Ausdrucksmalen
- Collage
- Kreatives Schreiben
- Tagebuch
- Musik
- Ausdruckstanz
- Improvisationstheater

Bei keiner dieser kreativen Ausdrucksmöglichkeiten geht es um Ehrgeiz oder Erfolgszwang. Wenn Sie eine bislang verborgene Begabung beim Experimentieren entdecken: prima. Wenn nicht, ist das ebenso okay. Wenn sie merken, dass Sie in einer bestimmten Ausdrucksform gerne handwerklich besser werden möchten, um noch genauer ausdrücken zu können, worum es Ihnen geht: prima; belegen Sie entsprechende Kurse und Fortbildungen. Wenn Sie feststellen, Ihnen liegt etwas gar nicht: Quälen Sie sich nicht, konzentrieren Sie sich

auf dasjenige kreative Feld, von dem Sie spüren, es ist das Ihre.
Im Vorhinein möchte ich Sie jedoch ausdrücklich ermutigen, auch einmal in solchen Bereichen zu experimentieren, zu denen Sie eine vorgefasst negative Meinung haben, etwas wie »Das kann ich absolut nicht«, »Darin war ich schon immer schlecht« oder »Das wird sowieso nichts«.
Stellen Sie derartige entmutigende Überzeugungen einfach mal beiseite und greifen Sie stattdessen auf Ihre Erfahrungen mit Achtsamkeit zurück (Abschnitt 1), indem Sie sich Ihrem Tun mit Ihrer ganzen Aufmerksamkeit widmen, ohne zu fragen, ob das, was Sie da hervorbringen, gut oder schlecht ist. Es geht weder um eine Prüfung noch um einen Wettbewerb, sondern darum, Erfahrungen zu machen und den für Sie stimmigen Ausdruck dessen zu finden, was in Ihnen ist. Schöpferisch sein heißt eben auch immer: in sich selbst durch den Austausch mit unterschiedlichen Erfahrungswelten neue Möglichkeiten entdecken. Dies schafft eine kreative Haltung, die auch ganz allgemein in die Lebensgestaltung einfließen kann.

Ausdrucksmalen

Mittels Farben, Formen, Linien, Symbolen kann im Bild vieles ausgedrückt oder angedeutet werden, was sich sonst nur schwer beschreiben lässt. Ausdrucksmalen setzt innere Verarbeitungsprozesse in Gang und hat eine befreiende Wirkung. Diese deutlich fühlbare Entlastung beruht auf dem Ausdrücken von bewussten und unbewussten inneren Bildern. Indem das, was innen ist, nach außen kommt, schaffen wir ein Gegenüber, sind also nicht mehr untrennbar damit identifiziert. Dadurch werden die entstehenden Bilder zu inneren Landkarten. Die eingesetzten Formen und Farben, die Linien und Symbole eröffnen viele Möglichkeiten, um einen eigenen Ausdruck zu finden. Dabei geht es nicht um das Ergebnis, sondern eher um den Prozess des Erschaffens, also darum, sich von Pinsel und Farbe leiten zu lassen. Dieses intuitive Vorgehen mag am Anfang ungewohnt sein, doch mit

etwas Übung ergeben sich die Bilder mehr und mehr von selbst, direkt aus Ihrer inneren Welt heraus.
Kerstin empfindet das intuitive Malen als große Entdeckung für sich selbst. »Ich bin völlig vertieft und habe da überhaupt keine Probleme, im Jetzt zu bleiben – und ich staune oft über das, was da entsteht.«

Was Sie brauchen:

- Einen ruhigen Raum, in dem Sie ungestört sind und nicht von äußeren Einflüssen abgelenkt werden.
- Große Bögen festes Papier/Karton (DIN A2).
- Einen entsprechend großen Tisch oder die Möglichkeit, das Papier an einer Wand zu befestigen. Sie können aber auch auf dem Boden malen.
- Acrylfarben in großer Auswahl: Rot-, Blau-, Gelb-, Grün-, Orange-, Lilatöne, Schwarz und Weiß – es gibt keine Regeln, wählen Sie ganz intuitiv. Acrylfarbe hat den Vorteil, sofort einsetzbar und gut mischbar zu sein und zudem rasch zu trocknen, sodass Sie Flächen nach Belieben übermalen können.
- Acrylpinsel in verschiedenen Stärken.
- Einen großen Teller zum Mischen von Farben und einen Behälter mit Wasser zum Verdünnen.

Was Sie nicht haben müssen: Vorkenntnisse im Malen.

Übung 8: Befreiendes Malen

Nehmen Sie sich eine Stunde Zeit und sorgen Sie wieder dafür, ungestört zu sein.

- Legen Sie alle Materialien bereit, die Sie für das Malen benötigen, wie etwa: Karton, Farben, Wasser, Teller zum Mischen, Acrylpinsel in verschiedenen Stärken.
- Beginnen Sie, indem Sie spontan eine Farbe auswählen oder eine Farbe zusammenmischen, und tragen Sie sie mit Pinsel auf den Malkarton auf.
- Lassen Sie einfach Ihren Pinsel spazierengehen. Folgen Sie Ihren Eingebungen.
- Wenn Sie den Impuls dazu verspüren, wechseln Sie die Farbe.
- Sie können auch mit der neuen Farbe in die noch feuchte erste Farbe hineinmalen und so neue Farbschattierungen auf dem Papier erzeugen.
- Verstärken Sie Strukturen, wo Ihnen danach ist.
- Machen Sie sich immer wieder bewusst: Es geht um Ihre Gefühle, Ihre Impulse, Ihren Selbstausdruck – nicht darum, etwas Beeindruckendes oder künstlerisch Wertvolles darzustellen.
- Genießen Sie den Prozess des Malens: Die Farben, die Formen, die Hingabe an die Gestaltung, das manchmal überraschende Entstehen von Strukturen und Kontrasten.

Vielleicht brauchen Sie einige Zeit, um frei vom Anspruch zu werden, etwas Perfektes, Nützliches oder Vorzeigbares darstellen zu müssen. Nehmen Sie, wenn sich entsprechende Antreiber zeigen, die achtsame Haltung ein: Lassen Sie diese Vorstellungen zu – und auch wieder davonziehen. Kehren Sie immer zum Prozess des Malens zurück.

***Tipp:** An vielen Orten gibt es Malgruppen und Kurse, die sich speziell mit Ausdrucksmalen beschäftigen. Wenn Ihnen also das Hantieren mit Farbe und Form für sich alleine zu einsam ist, dann ist es eine gute Möglichkeit, zusammen mit anderen zu malen.*

Collage

Die Technik der Collage, einer Art Bildermosaik, besteht darin, schon fertiges Material aus dem bisherigen Zusammenhang herauszulösen und der eigenen Vorstellung entsprechend neu zusammenzufügen. Dies gibt uns die Chance, ein Bild spontan und ausdrucksstark zu gestalten, ohne an fehlenden handwerklichen Fähigkeiten zu scheitern. Dafür eignen sich viele Materialien, beispielsweise Bild- und Textmotive aus Zeitschriften, Zeitungen und Broschüren, Fotos, Farbdrucke und so weiter.

Die Arbeit an einer Collage bedeutet suchen, auswählen, verwerfen, neu auswählen, auf Überraschendes gefasst sein, Lust zum Experimentieren und bereit sein, den Zufall mit einzubeziehen. Mittels des Collagierens nehmen wir Bekanntes aus neuen Perspektiven heraus wahr und können es souverän neu arrangieren. Ebenso wie für das Ausdrucksmalen sind auch für das Anfertigen einer Collage keine besonderen kreativen Talente erforderlich – und auch hier können wir uns ganz von unserer Intuition leiten lassen.

Wieder geht es darum, sich Zeit für sich selbst zu nehmen und dem, was momentan in uns vorgeht, eine bildliche Form zu geben. Für die Art und Weise, wie wir dabei vorgehen, welche Elemente wir auswählen, gibt es viele Möglichkeiten und keine festen Regeln, nach welchen Gesichtspunkten etwas angeordnet werden sollte. Wir folgen dabei ganz unseren jeweiligen Impulsen.

Was Sie brauchen:

- Einen ruhigen Raum, in dem Sie ungestört sind und nicht von äußeren Einflüssen abgelenkt werden.
- Große Bögen festes Papier (DIN A2 oder DIN A3).
- Einen entsprechend großen Tisch, auf dem Sie gestalten können.
- Alte Zeitschriften, Fotos, Kataloge, Broschüren, farbige Papiere und so weiter – es eignet sich alles dafür, was sich aufkleben lässt.
- Schere und Klebstoff/Klebestift.
- Pinsel und Farbe, um eventuell Teile der Collage auch übermalen zu können.

Übung 9: Collage

Nehmen Sie sich etwa eine Stunde Zeit und sorgen Sie wieder dafür, ungestört zu sein.

- Legen Sie alle Materialien griffbereit zurecht, die Sie für Ihre Collage benötigen, wie etwa: Schere und Klebstoff, Zeitschriften, Fotos, Broschüren, einen Karton zum Aufkleben etc.
- Es kann sein, dass Ihnen schon bei der Vorbereitung ganz spontan ein Impuls gekommen ist, was Ihr Thema bei der Gestaltung sein könnte: Eine Emotion, eine Situation, eine Erinnerung, ein Wunsch …
- Falls dem nicht so ist, schauen Sie sich Ihr ausgewähltes Material an, blättern Sie in den Zeitschriften und folgen Sie dabei nur Ihrem Gefühl. Wählen Sie Bilder, Fotos, Motive – vielleicht auch Wörter und Sätze aus, die Sie berühren oder die Sie interessant finden.
- Vielleicht bemerken Sie, während Sie Formen und Motive betrachten, wie plötzlich Bilder, Überschriften oder einzelne Worte Sie buchstäblich anzuspringen scheinen. Schneiden Sie alles aus, was eine Resonanz in Ihnen auslöst.
- Legen Sie die Fundstücke vor sich auf dem Karton aus und arrangieren Sie sie so, wie es Ihnen stimmig erscheint.
- Spielen Sie mit dem Material, tauschen Sie Elemente aus, fügen Sie andere hinzu, lassen Sie etwas weg und achten Sie dabei auf Ihr Gefühl. Wodurch nähern Sie sich dem, was Sie ausdrücken wollen? Was führt Sie eher weg?
- Wenn Sie den Eindruck haben, Ihr Arrangement ist stimmig, kleben Sie die einzelnen Elemente auf.
- Kann sein, Ihnen fällt noch etwas ein, wenn alles schon an Ort und Stelle ist – dann fügen Sie es hinzu oder entfernen oder übermalen Sie das entsprechende Gestaltungselement. Durch Übermalen und Überkleben kann eine Collage immer wieder neue Schichten erhalten.

Betrachten Sie am Ende das Entstandene. Was kommt in Ihrer Gestaltung zum Ausdruck? Auch wenn Sie sich vorher kein Thema gestellt haben, werden Sie feststellen, wie Sie unbewusst zu den Motiven und Materialien gegriffen haben, die Ihnen halfen, das auszudrücken, was momentan in Ihnen vorging.

»Für mich eine erstaunlich gute Möglichkeit«, findet Mario. Er sagt, dass die Collage ihn wesentlich mehr inspiriere als die Malerei. »Vielleicht, weil da auch Text mit hineingebracht werden kann. Bei mir kommen immer zuerst Worte und dann Bilder. Beispielsweise habe ich ›Wehmut‹ gelesen und gleich ausgeschnitten. Dann fand ich ein Bild mit einem Seeadler, der allein auf einem Felsen im Meer sitzt, und Fotos von Margeriten und Fuchsien, einen Gesteinshammer und dann das Satzfragment ›beenden, was sie angefangen haben‹. Ich weiß nicht, inwieweit das irgendeinen Sinn ergeben könnte, aber ich spürte eine starke innere Bewegung, als ich das alles arrangierte und aufklebte – und am Ende hatte ich den Impuls, viele ausgestanzte bunte kleine Kreise aus dem Bürolocher dazuzukleben. Ich fühlte mich hinterher sehr erleichtert. Das ging mir dann bei meiner zweiten Collage ganz genauso. Da inspirierten mich wieder Wörter dazu, passende Motive zu finden, und die Bilder und Fotos führten dann dazu, Textfragmente einzufügen. Eine tolle Möglichkeit, etwas auszudrücken. Und dadurch überhaupt erst klar zu erkennen, was mich gerade innerlich bewegt.«

Kreatives Schreiben

Schreiben ist eine Kulturtechnik, die aus unserem Alltag nicht mehr wegzudenken ist. Wir schreiben Liebesbriefe und Einkaufszettel, füllen Formulare aus, schreiben am Arbeitsplatz oder in der Schule, wir schreiben am Computer oder mit der Hand, mit Kugelschreiber, Füller oder Bleistift. Der Begriff »Kreatives Schreiben« – angelehnt an das amerikanische »Creative Writing« umfasst viele unterschiedliche Methoden und Techniken, mit denen wir unsere Kreativität anregen können und die oft auch zu überraschenden Ergebnissen führen. Wie beim Ausdrucksmalen und bei der Collage wird der Schwerpunkt auf den Prozess selbst gelegt und nicht darauf, ein bestimmtes Produkt zu schaffen oder äußerlichen Ansprüchen zu genügen.

Wer schreibt, nimmt eine aktive Position ein, er oder sie belässt es nicht bei dem, wie es ist. Es geht darum, Erlebtem und Erfahrenem Raum zu geben, es neu in Beziehung zu setzen und daraus Ideen und Erkenntnisse zu gewinnen – und die Lust am eigenen sprachlichen Ausdruck zu wecken und fördern. Es gibt ungemein viele Möglichkeiten, um sich beim Schreiben inspirieren zu lassen: Orte, Landschaften, Naturereignisse, Tiere, Bäume, Blumen, Blätter, Steine, Muscheln, Architektur, Gerüche, Geschmackserlebnisse, Bewegungen, Tanz, Musik, Malerei, Skulpturen – alles kann zum Schreibimpuls werden, indem persönliche Assoziationen dazu entstehen, die dann in einen kreativen Ausdruck münden. Durch den Einsatz unterschiedlicher Schreibimpulse und verschiedener Schreibmethoden fließen die Worte spontan und spielerisch aufs Papier. Daraus entstehen dann Texte: kurze und längere, fragmentarische und abgeschlossene, emotionale und sachliche, lustige und ernste.

Was Sie brauchen:

- Einen ruhigen Raum, in dem Sie ungestört sind und nicht von äußeren Einflüssen abgelenkt werden.
- Stift und Papier oder einen Computer.
- Die Bereitschaft, sich überraschen zu lassen.

Vorkenntnisse sind nicht notwendig. Für den Einstieg ins Kreative Schreiben sind vor allem assoziative Methoden sehr geeignet, da diese bewusst nicht das logische Denken und Kombinieren in den Vordergrund stellen, sondern die Fantasie anregen und so zu ungewöhnlichen Schreibimpulsen und -ergebnissen führen.

Übung 10: Automatisches Schreiben

Nehmen Sie sich etwa eine Viertelstunde Zeit und sorgen Sie wieder dafür, ungestört zu sein.

- Entweder liegen ein Schreibblock und ein Stift vor Ihnen oder Sie sitzen vor Ihrem Computer und haben ein leeres Dokument in Ihrem Textverarbeitungsprogramm geöffnet. Daneben: eine Zeitschaltuhr, die Sie auf zehn Minuten einstellen.
- Setzen Sie sich bequem hin, die Füße parallel zueinander auf dem Boden. Schließen Sie die Augen und atmen Sie tief durch.
- Konzentrieren Sie sich ein paar Minuten lang auf aufsteigende Gedanken und Gefühle, auf Gerüche und Geräusche – registrieren Sie einfach, was »innen« und »außen« gerade los ist.
- Öffnen Sie wieder die Augen, und schreiben Sie dann sofort drauflos, ganz egal, was Ihnen in den Sinn kommt. Der erste Satz wird meist ganz von allein kommen und an ihn werden sich weitere anschließen.
- Schreiben Sie so zügig wie möglich.
- Heben Sie den Stift nicht vom Papier beziehungsweise nehmen Sie die Hände nicht von der Tastatur. Hören Sie nicht auf zu schreiben – auch nicht für eine Sekunde.
- Wenn Ihnen gerade nichts einfällt, dann halten Sie eben genau dies fest und beschreiben, wie es Ihnen damit geht.
- Kümmern Sie sich nicht um das, was Sie geschrieben haben, sondern schreiben einfach »automatisch« immer weiter.
- Korrigieren Sie nichts, streichen Sie nichts durch, löschen Sie nichts.
- Hören Sie erst auf zu schreiben, wenn Sie das Signal der Zeitschaltuhr wahrnehmen.
- Wenn Sie am Ende dieser Übung auf das schauen, was Sie mit Stift oder Tastatur »einfach so« hingeschrieben haben, werden Sie wohl erstaunt sein, was alles zur Sprache kam und wie ihre Assoziationsketten sich verschachtelten.

- Bewerten Sie das Ergebnis nicht als gut/schlecht, gelungen/misslungen. Würdigen Sie vielmehr das freie Fließen der Gedanken und den Mut, aufgeschrieben zu haben, was in Ihnen aufstieg.
- Lassen Sie Ihren Text ein paar Tage liegen und nehmen Sie ihn dann wieder zur Hand. Entdecken Sie in Ihrem Text ein Thema? Oder mehrere?

Wenn Sie mögen, dann nehmen Sie Ihren automatisch geschriebenen Text als Impuls für einen weiteren Text. Machen Sie daraus eine Geschichte, ein Gedicht, einen Brief oder etwas ganz anderes.

Das Automatische Schreiben entlastet und verhilft oft zu verblüffenden Erkenntnissen. »Eine spannende Sache«, findet auch Pamela, die mit Malen und Collagen nicht so viel anfangen konnte. »Da tauchte dann immer wieder dieser Erfolgsanspruch auf. Ich bin einfach noch nicht so weit, den gelassen beiseitezustellen. Beim Automatischen Schreibens komme ich gar nicht dazu, mich mit irgendwelchen Erfolgsansprüchen und Versagensängsten auseinanderzusetzen. Ich mache einfach. Und das erlebe ich als sehr abenteuerlich. Anhand der Assoziationen, die bei verschiedenen »Schreibterminen« immer wieder auftauchten, habe ich neue Erkenntnisse über mich selbst gewonnen. Mir war zum Beispiel vorher nicht bewusst, welche große Sehnsucht ich nach Weite habe. Woher das kommt? Keine Ahnung. Aber jetzt, wo ich das erkannt habe und so deutlich spüre, denke ich: Wie konnte mir das bloß entgehen? Nun plane ich meinen nächsten Urlaub entsprechend, will auf Berge steigen und in die Weite schauen. Mal sehen, was ich dabei erlebe, woran es mich erinnert, wozu es mich inspiriert. Und wenn diese Sehnsucht nichts weiter bedeutet? Dann kann ich das mittlerweile auch gut hinnehmen. Es ist kein Fehler oder Versagen und allein das jetzt anders zu werten ist für mich schon viel.«

Als ein weiteres Beispiel für Kreatives Schreiben aus dem Bereich der assoziativen Techniken möchte ich Ihnen die »30-Wörter-Assoziationskette«, vorstellen, die aus zwei Stufen besteht. Die Übung funktioniert ähnlich wie die des Automatischen Schreibens – nur führt sie etwas weiter. Sie dient sowohl dazu, einen kreativen Ausdruck für inneres Geschehen zu finden, als auch dazu, aus den Assoziationen einen Text zu entwickeln. Impuls für diese Schreibübung ist jeweils ein gewählter Kernbegriff, auf den sich dann die Assoziationsketten beziehen.

Übung 11: Die 30-Wörter-Assoziationskette

Nehmen Sie sich etwa eine halbe Stunde Zeit und sorgen Sie wieder dafür, ungestört zu sein.

- Achten Sie wie bei der vorangegangenen Übung darauf, Schreibblock und Papier zur Hand beziehungsweise in Ihrem Computer ein leeres Dokument vorbereitet zu haben. Daneben wieder: eine Zeitschaltuhr. Legen Sie auf dem Computer oder auf dem Papier drei Spalten an, in denen Sie jeweils Platz für eine Überschrift und für zehn Zeilen Text vorsehen.
- Setzen Sie sich auch bei dieser Übung zunächst bequem hin, die Füße parallel zueinander auf dem Boden. Bei geschlossenen Augen atmen Sie tief durch und konzentrieren sich wieder ein paar Minuten lang auf aufsteigende Gedanken und Gefühle, auf Gerüche und Geräusche, auf das, was »innen« und »außen« gerade los ist.
- Wählen Sie dann aus all dem, was Ihnen in den Sinn kommt, dasjenige aus, was in Ihnen die intensivste gefühlsmäßige Resonanz hervorruft, und finden Sie einen Begriff für das, was Sie bewegt. Denken Sie nicht lange nach, sondern wählen Sie das, was Ihnen als Erstes in den Sinn kommt.
- Diesen Begriff schreiben Sie – quasi als Überschrift – über die erste Spalte.
- Anschließend finden Sie zu diesem Begriff zehn weitere, die Ihnen dazu spontan in den Sinn kommen.

- Betrachten Sie diese und wählen Sie den aus, der Sie emotional am meisten berührt. Diesen schreiben Sie über die zweite Spalte.
- Nun finden Sie dazu spontan wieder zehn Begriffe, die Ihnen anhand der Überschrift als Erstes einfallen.
- Wieder wählen Sie denjenigen Begriff aus dieser zweiten Spalte aus, der Sie am meisten anspricht, und setzen Sie ihn als Überschrift der Spalte drei.
- Dann finden Sie zu diesem Begriff wieder zehn weitere, die Ihnen dazu spontan in den Sinn kommen, und schreiben Sie diese in die dritte Spalte.
- Nun stehen insgesamt 30 Begriffe da, jeweils zehn in drei Spalten. Diese bilden nun Ihren »Steinbruch«.
- Lesen Sie das, was Sie gefunden haben, durch und schreiben Sie dann zehn Minuten lang einen Text, in dem Sie möglichst viele der 30 Begriffe verwenden. Nicht auf Biegen oder Brechen, es geht nicht um einen Perfektionsanspruch, sondern spielerisch. Wenn Ihre Gedanken Sie nun ganz woanders hinführen, dann ist das auch okay. Es ist ein Impuls, nichts weiter – nichts, was mit richtig oder falsch zu tun hat.

Meist entstehen mit der 30-Wörter-Assoziationskette ganz überraschende und sehr persönliche Texte. Denn: Es ist eine Methode, die das logische Denken und damit die Reflexion, die Bewertung, die Kritik umgeht und stattdessen das ins Bewusstsein ruft, was gerade im Unbewussten vor sich geht.

Auch Pamela kann sich hierfür begeistern. »Das ist wie eine Entdeckungsreise. Normalerweise denke ich ja viel nach, oft auch viel zu viel. Und versehe alles, woran ich denke, mit Begleitkommentaren. Die meist auch noch negativ sind. Keine Ahnung, wo das herkommt, aber es ist eben da, solange ich denken kann. Beim Assoziieren fällt das weg. Da wird nichts kommentiert, da wird einfach aufgenommen, was kommt, und ich erlebe mich ganz anders. Viel unbeschwerter, und das mag ich. Beim zweiten Teil der Übung, der Geschichte, wollen dann schon die kritischen Kommentare wieder auftauchen, aber es gelingt mir immer besser, diese beiseitezustellen.«

Vielleicht haben Sie im Umsetzen dieser Übungen ähnliche Erfahrungen gemacht. Neben den assoziativen Verfahren gibt es noch viele weitere Formen, die den Schreibfluss anregen. In vielen Weiterbildungseinrichtungen gibt es Kurse für Kreatives Schreiben. Wenn Ihnen die beiden Übungen zugesagt haben – vielleicht probieren Sie mal weitere in einer Schreibgruppe aus?

Tagebuch

Ein Tagebuch führen – das kennen viele aus eigener Erfahrung, oft aus der Zeit des Heranwachsens und Erwachsenwerdens. Die meisten hören irgendwann wieder mit dem Schreiben auf. Wie mir jedoch in den Vorstudien zu meiner Masterarbeit »Was macht Tagebuchschreiben attraktiv?« klar wurde, führen weit mehr Erwachsene ein Tagebuch, als gemeinhin vermutet wird. Das hauptsächliche Motiv dafür ist der persönliche Eindruck, vielfältig davon zu profitieren – sei es im Bewältigen von problematischen Geschehnissen, in der Dokumentation der eigenen Entwicklung oder der Auseinandersetzung mit aktuellem Geschehen.

Im Tagebuch schreiben wir über uns selbst und unser Leben. Dabei können wir viel lernen – über uns, unseren Alltag, unser Fühlen, Denken und Verhalten. Indem wir aufschreiben, was wir erleben, und dabei empfinden, was um uns herum geschieht und was uns daran bewegt, lernen wir uns selbst besser kennen und können uns auch besser verstehen.

Ein Tagebuch greift Erlebensspuren auf, die vielfältig mit Erinnerungen, Empfindungen, Gefühlen, Bewertungen verknüpft sind und mittels des schriftlichen Ausdrucks reflektiert werden können. Eigene Lern- und Entwicklungsprozesse können dokumentiert und analysiert werden. Und es kann auch Grundlage für Erinnerungen an besondere Momente des Lebens sein – positive wie negative, beeindruckende, bewegende, berührende.

Das Schreiben muss keinerlei Regeln folgen – außer wir geben unserem Schreiben selbst eine festgelegte Struktur oder ordnen dem Tagebuch eine ganz bestimmte, begrenzte Funktion zu.
Wer sich etwas von der Seele schreibt und das Tagebuch als ein Ventil für seine Gefühle nutzt, schreibt anders als derjenige, der im Tagebuch überwiegend über die eigenen Wünsche, Pläne und Ziele schreibt. Wem es wichtig ist, seine Gedanken und Gefühle zu gegenwärtigem Geschehen zu artikulieren, schreibt anders als jemand, der im Tagebuch etwas Vergangenes aufarbeiten möchte. Worüber Sie schreiben und wie Sie das tun, bestimmen Sie selbst. Ein Tagebuch eignet sich beispielsweise sehr gut dazu:

- sich bei Stress oder seelischen Belastungen auf dem Papier »Luft« zu machen und sich den Druck von der Seele zu schreiben,
- besondere Momente zu beschreiben, um sie dem Vergessen zu entreißen,
- eigenen Denk- und Verhaltensmustern auf die Spur zu kommen und neue Ideen dazu zu entwickeln,
- bei anstehenden Entscheidungen über die möglichen Alternativen zu reflektieren, um sich klarer darüber zu werden, welche gut und welche weniger gut sind,
- Ideen für berufliche oder private Projekte festzuhalten.

Indem wir aufschreiben, was uns bewegt, lässt sich Geschehenes später gut rekapitulieren. Oft führt dies zu einem tieferen Verständnis der Ereignisse und ihrer Zusammenhänge. Im Tagebuch können Sie sich Ärgerliches ebenso wie Trauriges oder Verqueres – überhaupt alles, was Ihnen bemerkenswert vorkommt – von der Seele schreiben. Ebenso können Sie in Ihrem Tagebuch gute und schöne Momente festhalten und sich damit in schwierigen Situationen vergegenwärtigen, dass es nicht zu allen Zeiten so war. Das kann Sie bestärken in der Hoffnung, dass auch akute Schwierigkeiten vorübergehen und es wieder aufwärts gehen wird.

Schreibend nachzudenken unterscheidet sich deutlich davon, Themen nur gedanklich im Kopf zu bewegen. »Wenn ich aufschreibe, was passiert ist und was jetzt in mir vorgeht, werde ich mir klar darüber, was es eigentlich ist, was mich daran so beschäftigt. Ich tue mich dann leichter, Lösungen zu finden«, ist sich Kerstin sicher.

Darüber hinaus ist das Schreiben eines Tagebuches – in guten wie in schlechten Zeiten – für viele Menschen einfach auch ein kreativer und schöpferischer Ausdruck ihres Denkens und Fühlens, der ihnen viel Spaß macht. Probieren Sie es einmal für sich aus.

Nachfolgend möchte ich Ihnen zwei Schreibimpulse zum Thema Tagebuch vorstellen.

Übung 12: Der Impuls-Stopp

Nehmen Sie drei Klebepunkte in einer Farbe Ihrer Wahl – etwa drei rote, blaue, gelbe oder grüne Punkte. Wichtig ist nur, dass alle drei die gleiche Farbe haben, denn dies verstärkt das automatische Reagieren und die Signalwirkung.

Bringen Sie die Punkte jeweils an einer Stelle an, auf die Ihr Blick häufig fällt, wie beispielsweise den Bildschirm Ihres Computers, die Eingangstür, den Kühlschrank oder Ähnliches.

Jedes Mal, wenn Ihr Blick auf einen der Punkte fällt, nehmen Sie sich eine Mini-Auszeit von ein paar Minuten und fragen Sie sich:

- Wie geht es mir?
- Wie fühle ich mich?
- Woran habe ich gerade gedacht?
- Was brauche ich in diesem Moment?
- Was würde ich jetzt am liebsten tun?

Spüren Sie in sich hinein, bis sich die Antworten einstellen, und machen Sie sich entsprechende Notizen.

Wahrscheinlich werden Sie von Innehalten zu Innehalten Ihre Impulse und Wünsche immer deutlicher wahrnehmen.

Formulieren Sie am Ende des Tages aus diesen Mini-Protokollen in Ihrem Tagebuch ein Statement, eine Zusammenfassung, die den Tag und Ihre Befindlichkeiten charakterisiert. Seien Sie dabei geduldig mit sich selbst, wenn Sie manches vielleicht nicht »auf den Punkt« bringen können – das ist ganz normal. Mit fortscheitender Übung merken Sie, dass sich Ihre Ausdrucksmöglichkeiten deutlich erweitern.

Diese Herangehensweise unterstützt Sie dabei, sich selbst besser kennen und verstehen zu lernen. Mario wurde dabei immer mehr bewusst, dass es in seinem Alltag mehr helle und schöne Momente gibt, als er bislang geglaubt hatte – Situationen, in denen er sich locker und gelöst fühlt.

»Anscheinend ist es nicht so, dass ich nur wenig positive Gefühle verspüre, sondern dass ich sie mir nicht zugestehen will und Impulse und Wünsche immer gleich abgewürgt habe, sobald sie aufgetaucht sind. Es fiel mir am Anfang sehr schwer, aufzuschreiben, was ich in einem bestimmten Moment tatsächlich an Wünschen und Bedürfnissen hatte. Da kam sofort das schlechte Gewissen. So in der Richtung: Das darf doch eigentlich gar nicht sein, das steht mir nicht zu. Mir positive Gefühle zuzugestehen kam mir wie Verrat an Linda vor. Klingt vielleicht absurd, aber genauso habe ich das erlebt. Jetzt geht es schon besser, es ist selbstverständlich geworden, aufzuschreiben, was ich tatsächlich denke und fühle. Ohne mich zu fragen, was ich denken und fühlen *sollte*. Wichtig ist mir, dass es ein Schreiben nur für mich ist – nichts Öffentliches, was ein anderer lesen kann. Das hilft mir dabei, ehrlich zu sein.«

Auch bei der zweiten Übung geht es um ein Innehalten, eine Momentaufnahme. Dabei hilft es sehr, geübt in Achtsamkeit zu sein, denn dies unterstützt Sie dabei, Ihr Befinden im Hier und Jetzt genauer wahrzunehmen.

Übung 13: Ereignis und Gefühle

Nehmen Sie sich am Abend zehn Minuten Zeit und sorgen Sie dafür, ungestört zu sein.

Legen Sie Stift und Papier bereit beziehungsweise Ihren Computer, in dem Sie eine neue Datei anlegen.

Erstellen Sie nun eine einfache Tabelle mit zwei Spalten.

In der ersten Spalte beschreiben Sie – in ganzen Sätzen oder auch als Stichwörter oder Satzfragmente – drei Erlebnisse, die Sie am heutigen Tag hatten.

In die zweite Spalte tragen Sie dann – ausführlich oder auch nur stichwortartig – ein, wie Sie sich bei diesem Erlebnis gefühlt haben, beispielsweise so, wie Kerstin es getan hat.

Was passiert ist:	**Wie ich mich dabei gefühlt habe:**
Nachbar hat mich zurechtgewiesen, weil ich vergessen hatte, die Hausordnung zu machen.	Wie früher in der Schule. Klein, unwichtig, schuldbewusst. Und gleichzeitig habe ich mich über mich selbst geärgert, dass das so reflexartig kam.
Freundin hat sich überschwänglich dafür bedankt, dass ich während ihrer Reise ihre Katze betreut habe.	Gutes Gefühl. Gefühl, nützlich zu sein, etwas Positives bewirkt zu haben.
Musste zusätzliche Arbeit übernehmen und deswegen Überstunden machen.	Ärger. Hat mir gar nicht gepasst. Fühlte mich ausgenutzt und irgendwie auch klein und hilflos. Und das hat dann wieder meinen Ärger verstärkt.

Nehmen Sie diejenigen drei Ereignisse, die Ihnen beim Rückblick auf den Tag als Erstes einfallen. Dabei gibt es kein richtig oder falsch. Denken Sie nicht in Kategorien wie »aufschreibenswerte« und »zu banale« Erlebnisse. Nehmen Sie sie einfach so, wie sie Ihnen in den Sinn kommen.

Bei der Beschreibung der Gefühle sind auch Sätze völlig okay wie: »Ich weiß nicht genau, was ich gefühlt habe« oder »Ich bin mir unsicher, ob das wirklich Wut war oder nicht eher Schuldgefühle.«

Wichtig ist nur, dass Sie Erfahrungen mit der Tabellenform machen, um herauszufinden, ob Ihnen diese Methode auch für den Alltagsgebrauch liegen könnte.

Nachdem Sie die Übung abgeschlossen haben, schreiben Sie bitte ein Fazit, also betrachten Sie das Geschriebene und notieren Sie, was Ihnen daran besonders auffällt oder was Sie im Nachhinein erkennen.

Kerstins Fazit: »Mir ist aufgefallen, dass Ärger bei mir oft mit Hilflosigkeit gepaart ist – und dass ich schnell dazu übergehe, Ärger über andere in Ärger gegen mich selbst umzuwandeln.«

Tipp: *Pflegen Sie diese Übung eine Woche lang, Tag für Tag und lesen Sie am siebten Tag Ihre gesamten Aufzeichnungen durch. Ziehen Sie dann ein Fazit über Ihre Erfahrungen während dieses Zeitraums.*

Beide Übungen sind sehr gut geeignet, Ihre Achtsamkeit weiter zu stärken und damit Ihre Bewusstheit für das Hier und Jetzt zu intensivieren. Indem Sie das, was Sie erleben und empfinden, schriftlich aufzeichnen, haben Sie auch jederzeit die Möglichkeit, diese Momentaufnahmen zu lesen und persönliche Schlüsse daraus zu ziehen. Das hilft Ihnen, Dinge in Ihrem Leben zu verändern, die Sie schon seit einiger Zeit als unbefriedigend oder belastend für sich selbst empfinden.

Musik

Musik wird häufig als *die* Sprache des Fühlens betrachtet, die in Klänge fasst, was wir erleben, wie wir es erleben und was wir dabei empfinden. Unter den verschiedenen Möglichkeiten, Gefühle symbolisch auszudrücken, gilt die Musik als eine der am stärksten und unmittelbar wirkenden Formen. Welche Musik als angenehm und welche als unangenehm empfunden wird, hängt wesentlich von den Hörgewohnheiten, den persönlichen Erinnerungen und von Bedürfnissen und Zielen ab. Musik kann uns begeistern und in Hochstimmung versetzen, uns aggressiv machen oder auch melancholisch stimmen und zu Tränen rühren. Manche hören bewusst Musikstücke, die sie an bestimmte Ereignisse in ihrem Leben erinnern, um die Emotionen, die mit dem damaligen Erleben verbunden sind, nochmals zu spüren und nachzuerleben. Wahrscheinlich kennen Sie selbst auch Musik, die bei Ihnen eine besondere Stimmung hervorruft, weil sie mit einem gefühlsmäßig bedeutsamen Ereignis ihres Lebens verbunden ist. Im Prinzip ist das natürlich okay, doch wenn die Musik dazu dient, Sie im Gestern festzuhalten, ein und dieselben Erlebnisse immer wieder zurückzurufen und in den Gefühlen zu »baden«, dann sollten Sie sich fragen, was Sie eigentlich davon abhält, Gegenwärtiges zu genießen. Musik zu hören, die für das Heute steht und mit der Sie aktuelles Erleben verbinden.

»Mir ist plötzlich aufgefallen, dass ich auch musikalisch irgendwie in der Zeit mit Linda festgefroren war«, sagt Mario. »Ich hörte immer wieder die Popsongs, die wir beide geliebt haben, die Musik, die für die glücklichen Zeiten stand. Das Kennenlernen, die Liebe, die Heirat, unsere gemeinsamen Stunden, Tage, Wochen, Jahre. Vor allem die Songs, die ich mit unserem ›Anfang‹ verband. Das ist mir gar nicht bewusst gewesen. Es erschien mir einfach als normal. Meine Musik, unsere Musik. Jetzt höre ich mir auch anderes an. Jazz, Rock, Country. Auch mal Klassik. Ich entdecke vieles neu.«

Musik genießen ist das eine, selbst aktiv werden das andere. Vielleicht spielen Sie selbst ein Instrument oder auch mehrere oder haben Erfahrung im Gesang. Ob Schlagzeug oder Gitarre, Klavier oder Trompete oder auch die eigene Stimme: Wie eine finnische Studie dokumentiert, hat der musikalische Ausdruck einen starken positiven Einfluss auf die Psyche. Wer ein Instrument spielt oder singt, lernt, mit seinen Emotionen konstruktiv umzugehen – auch ohne darüber sprechen zu müssen.

Schon eine Viertelstunde Singen versorgt den Körper besser mit Sauerstoff und setzt Endorphine und zusätzliche Energie frei. Sogar das Immunsystem profitiert davon, wie Forscher der Universität Frankfurt herausfanden. Einfach nur schönen Stimmen zuzuhören hat diesen Effekt jedoch nicht.

Tipp: *Wer in puncto Gesang selbst aktiv werden möchte, kann unter vielen Angeboten wählen. In 60 000 deutschen Chören treffen sich Menschen regelmäßig. Dabei ruft nicht nur das Singen selbst, sondern auch das Gemeinschaftsgefühl starke Glücksgefühle hervor.*

Ausdruckstanz

Das Tanzen ist eine der ältesten Formen des Ausdrucks von innerem Geschehen – vielleicht weil der Tanz, und insbesondere der Ausdruckstanz, unterschiedliche Ebenen in uns anspricht: den Körper, die Seele, den Intellekt, die Fantasie, die Kreativität. Der Zusammenklang dieser Aspekte macht den Tanz ganzheitlicher, als es andere Arten von Bewegung sind wie etwa Laufen, Radfahren, Schwimmen, Gymnastik und so weiter.

Kreativer Ausdruckstanz bedarf keiner festgelegten Tanzschritte und hat auch keinen Leistungsanspruch. Vielmehr steht die freie und impulsive Bewegung im Vordergrund, und dies bietet viele Möglichkeiten, sich selbst, die eigenen Gefühle, Vorstellungen und Empfindungen nonverbal auszudrücken und ihnen eine Form zu geben. Der Schwerpunkt liegt im Ausdruckstanz also auf der ganz individuellen darstellerischen Verkörperung von seelischem Geschehen bei den Tanzenden.

Was innerlich bewegt, das wird durch körperliche Bewegung ausgedrückt.

Die einzelnen Bewegungen entstehen aus spontanen Impulsen heraus – aggressiv, kraftvoll, sinnlich, freudvoll oder auch melancholisch wird getanzt und spielerisch mit imaginären Bildern und Objekten experimentiert. Es geht darum, den eigenen Körper und die Präsenz im Hier und Jetzt im tänzerischen Ausdruck zu erleben.
Dieses freie Tanzen bietet vielfältige Vorteile:

- Es bedarf keiner tänzerischer Vorbildung; die Bewegung kommt unmittelbar aus Ihnen selbst,
- es ermöglicht Ihnen, ganz »Sie selbst« zu sein, da Sie das, was Sie gerade empfinden oder was Sie beschäftigt, ohne Einschränkung und ohne Vorgaben unmittelbar in Bewegung umsetzen,
- das Tanzen beflügelt Sie, gibt Ihnen Energie, da Sie mittels der »Übersetzung« der Gedanken und Gefühle in Bewegung Druck loslassen können.

Mittels der bewussten Bewegung zur Musik und des Improvisierens aus dem Augenblick heraus werden ganz persönliche Bilder und Empfindungen hervorgerufen, die dann die ihnen eigenen Formen entfalten. Kurse im Ausdruckstanz gibt es in jeder größeren Stadt, auch an Volkshochschulen.

Improvisationstheater

Improvisationstheater (kurz: Improtheater) ist eine Form des Theaterspielens, die spontane Aktion, Experimentierfreude und die Lust am Spielen in den Vordergrund stellt. Dabei wird eine Szene oder werden auch mehrere Szenen gespielt, die vorher nicht inszeniert wurden. Oft lassen sich die Darsteller/innen ein Thema aus dem Publikum zurufen. Diese Vorschläge inspirieren sie zu den daraufhin aus dem Augenblick heraus entstehenden Szenen. Oft werden die Darsteller/innen durch einen – ebenfalls improvisierenden – Musiker begleitet.
Jede einzelne improvisierte Szene präsentiert eine kleine, sehr kurze, in sich abgeschlossene Geschichte. Die Darsteller/innen stürzen sich ohne

vorher festgelegtes Konzept in die Szene hinein. Sie wissen, welche Figur sie darin verkörpern und welches Bedürfnis oder Ziel diese Figur hat. Und Punkt. Alles andere entwickelt sich auf der Bühne in der Interaktion mit den anderen Figuren. Oft wird auch das Publikum mit einbezogen, es kann Vorschläge für Figuren und Szenen machen.

»Wie im richtigen Leben«, sagt Pamela, »da ist nix mit Kontrolle und Sicherheit. Ich hatte am Anfang regelrecht Angst, mitzumachen, wollte mich unbedingt vorher an einer Idee festhalten können, an einem Wissen: Das und das mache ich dann. Klappte nicht. Die Szene entwickelte sich anders, und das, was ich mir ausgedacht hatte, konnte ich knicken. Ich habe mich zunächst sehr schwergetan, loszulassen und wirklich einfach so reinzugehen. Darauf zu vertrauen, dass ein Impuls kommt, so einfach aus mir selber.«

Für Pamela war und ist das Improtheater genau das Passende, wie sie selbst auch findet. Den Drang zur Kontrolle loszulassen – auch im »richtigen« Leben – bringt sie wieder stärker in die innere Balance. Und: Sie erwirbt beim Spiel Fähigkeiten und Fertigkeiten, die sie darin unterstützen, im Alltag auch in unkontrollierbaren Situationen handlungsfähig zu bleiben, statt in Schreckstarre zu verharren.

Beim Improvisationstheater geht es auch stark darum, sich einzulassen auf das, was das Gegenüber jeweils mitbringt, also nicht in den eigenen Vorstellungen hängenzubleiben. Dabei sind Achtsamkeit und Präsenz wichtig. Ganz da sein. Denn: Nichts ist geplant. Oder zumindest sollte es das nicht sein. Wer unsicher oder nicht »ganz dabei« ist, weil beispielsweise die Gedanken noch um einen Streit im Betrieb oder um den bevorstehenden Zahnarzttermin kreisen, neigt dazu, das »vorzuplanen«, was er gleich auf der Bühne tun wird. Solche festen Vorstellungen machen das Spiel jedoch oft steif und verkrampft, weil man nicht im Fluss mit den Ideen der Mitspielenden ist.

Übung 14: »Einen Hof kehren«

Natürlich ist es ein wenig absurd, eine Improtheater-Übung alleine machen zu wollen. Daher soll hier nur beispielhaft gezeigt werden, worauf es bei der Darstellung einer Szene ankommt.

- Zunächst wird die Bühne – oder eine andere freie Fläche – leer geräumt. Die Fläche stellt nun den »Hof« dar.
- Dorthin stellen Sie nun drei imaginäre Gegenstände, etwa einen Tisch, einen Bierkasten, eine Hängepflanze, egal, was es ist, nehmen Sie das, was Ihnen gerade einfällt.
- Nun greifen Sie zu einem imaginären Besen und kehren den Hof. Natürlich müssen Sie sich dabei die Lage der Gegenstände im Raum merken.
- Nehmen Sie wahr, ob Sie Ihre Hände beim Fegen wie bei einem echten Besen halten. Halten Sie sie immer im gleichen Abstand? Sind Sie sich der Gegenstände bewusst? Wie behandeln Sie diese? Räumen Sie sie beiseite? Was tun Sie dann derweil mit dem Besen?

Sie merken schon: Eine Übung wie diese erfordert die ganze Präsenz, ein Abschweifen der Gedanken bringt unweigerlich die Szenerie ins Wanken, während bewusstes Dabeisein sie immer sicherer werden lässt und auch Ihre Vorstellungskraft stärkt.

3. Impuls: Zur Ruhe kommen

Während es bei der Übung der Achtsamkeit vorrangig darum geht, das, was ist, intensiv wahrzunehmen, zielt »Zur Ruhe kommen« auf Veränderung ab. Das eine ist die Voraussetzung für das andere: Je genauer wir das Jetzt kennen, desto genauer spüren wir dann auch, wo Veränderungen notwendig und sinnvoll sind. Dieser Abschnitt soll Ihnen zeigen, was Sie beispielsweise tun können, um innerlich ruhiger und gelassener zu werden. Was Sie tun können, um dem, was sich Ihnen in Ihrem Inneren an Gedanken und Gefühlen häufig aufdrängt, andere Erfahrungen entgegenzusetzen.

Loslassen, sich selbst bestärken

Das zu akzeptieren, was Sie fühlen, ist Voraussetzung dafür, loslassen zu können. Gefühle zu bekämpfen oder sie wegdrängen zu wollen, hält sie umso fester und bestärkt ihre Macht über unser Denken und Tun. Doch das Akzeptieren und Loslassen braucht Zeit und folgt einem eigenen Rhythmus, der sich in vier Phasen gliedern lässt:

1. Innerlich zulassen, dass es so ist, wie es ist
2. Abschied nehmen: das Gewesene ziehen lassen
3. Die Gefühle zulassen, die mit dem Abschied verbunden sind
4. Neue Energie gewinnen

Übung 15: Atmen und Loslassen

Der vierstufige Prozess des Loslassens lässt sich gut mit den natürlichen Atemphasen verbinden. Sorgen Sie dafür, zehn Minuten ungestört zu sein.

Und so nutzen Sie ganz bewusst Ihren Atem zum Akzeptieren und Loslassen:

1. Innerlich zulassen, dass es so ist, wie es ist = kurz Luft anhalten
2. Eingeatmet bleiben, leicht mit dem Kopf nicken
3. Abschied nehmen: das Gewesene ziehen lassen = Ausatmen
4. Die Gefühle zulassen, die mit dem Abschied verbunden sind = kurz ausgeatmet bleiben, leicht mit dem Kopf nicken
5. Neue Energie gewinnen = Einatmen

Wiederholen Sie diese Übung zehnmal und konzentrieren Sie sich auf die einzelnen Atemphasen. Wo ist der Atem gerade gut fühlbar? In der Nase, im Rachen, im Brustkorb?

Spüren Sie, dass Sie mit jedem Atemzyklus das, was gewesen ist, leichter loslassen können. Fühlen Sie, wie das Ausatmen Sie erleichtert und wie das Einatmen Sie stärkt. Seien Sie sich auch der Zwischenphasen achtsam bewusst: das Akzeptieren, das Zulassen der Gefühle.

Wenn Sie die Übung in dieser Weise eine Zeit lang täglich durchführen, werden Sie merken, dass sich Ihre innere Einstellung verändert, dass Sie leichter loslassen können und sich aktiver und lebendiger fühlen.

Achten Sie auf die Resonanz, die dieses bewusste Akzeptieren und Loslassen in Ihnen hervorruft. Vielleicht kommen manchmal Tränen, vielleicht steigt Zorn auf, vielleicht auch ein Lachen, vielleicht etwas anderes. Manchmal sind die Gedanken und Gefühle, die mit Ihrem Atem ausströmen, auch mit körperlichen Reaktionen verbunden. Das alles darf sein. Je trainierter

Sie darin sind, dies zuzulassen und Verständnis für sich zu haben, desto leichter fällt es auch, sich von dem zu lösen, was Sie bislang an alten Geschehnissen gequält hat.
Locker lassen, sich entspannen, sich häufig und regelmäßig ganz bewusst von Ruhe und Gelassenheit durchdringen zu lassen stärkt die Selbstbestimmung und auch die Souveränität bei vielen alltäglichen Herausforderungen. Hilfreich dafür ist auch die folgende Übung.

Übung 16: Entspannungsreise durch den Körper

Nehmen Sie sich etwa eine halbe Stunde lang Zeit und sorgen Sie dafür, ungestört zu sein.

- Legen Sie sich dann auf den Teppich, eine Decke oder auf eine andere, nicht zu weiche Unterlage. Strecken Sie sich aus, die Beine etwa schulterbreit auseinander, die Füße locker nach außen gerichtet. Legen Sie die Arme seitlich neben dem Körper ab. Ihre Handflächen zeigen dabei nach oben.
- Nun konzentrieren Sie sich auf den Atem. Erleben Sie, wie sich mit jedem Atemzug die Bauchdecke leicht hebt und wieder senkt.
- Spüren Sie, wie Sie allmählich ruhiger werden. Lassen Sie dann Ihre Aufmerksamkeit zu Ihren Füßen wandern. Nehmen Sie wahr, wie Ihre Fersen aufliegen, spüren Sie Ihre Fußoberseiten, die großen Zehen, die kleinen Zehen und die Zehen dazwischen. Stellen Sie sich vor, dass Ihre Füße sich immer mehr entspannen und die Fersen in die Unterlage einsinken. Dann lenken Sie Ihre Aufmerksamkeit auf das Sprunggelenk und weiter über Unterschenkel, Knie und Oberschenkel bis hinauf zur Leiste. Nehmen Sie bewusst wahr, wo Ihre Beine und Ihr Unterkörper aufliegen, und stellen Sie sich wieder vor, wie Sie mehr und mehr wohlig in die Unterlage hineinsinken. Gehen Sie dabei in Ihrem eigenen Tempo vor.

- Schließlich »reisen« Sie auf diese Weise weiter durch Ihren ganzen Körper: Nehmen Sie Ihren Po, Ihren Bauch und Ihr Becken wahr, den Solarplexus, dann die Wirbelsäule, Wirbel für Wirbel aufwärts. Seien Sie sich immer wieder gewahr, wie Sie liegen, welche Partien Ihres Körpers auf dem Boden aufliegen und immer entspannter in ihn hineinsinken.
- Gehen Sie mit Ihrem Bewusstsein die Arme entlang bis zu den Fingern. Spüren Sie nacheinander in die Finger hinein und dann wieder die Arme hoch bis zu den Schultern. Und nehmen Sie wieder deutlich wahr, wo Schultern und Rücken aufliegen, dann der Nacken, der Hals und der Hinterkopf.
- Nehmen Sie Ihr Gesicht wahr, die Stirn, die Augen, die Wangen, die Ohren, die Nase, den Mund, das Kinn.
- Am Ende der Übung atmen Sie noch einige Male ein und aus und spüren Ihren Körper als Ganzes, wie Sie ganz entspannt in ihre Unterlage hineingesunken sind. Nehmen Sie wahr, wie Sie bei jedem Ausatmen noch mehr und noch mehr loslassen können. Dann kommen Sie in Ihrem Tempo in die Gegenwart zurück, rekeln sich, gähnen, recken und strecken sich.

Pamela tat sich anfangs recht schwer mit dieser Übung. »Meine Gedanken wollen immer wieder abschweifen, und das mit dem Spüren hat auch nicht auf Anhieb geklappt. Es war, als wüsste ich eigentlich gar nicht, wo mein Körper anfängt und wo er aufhört. Als hätte ich kein richtiges Bild davon. Ich musste immer wieder kleine Bewegungen machen, um mich tatsächlich zu spüren.« Diese kleinen Bewegungen sind völlig okay. Und auch das Abschweifen ist natürlich. Sobald Sie bemerken, dass Ihre Gedanken »ausgebüxt« sind, holen Sie sie einfach geduldig zurück und konzentrieren sich wieder auf die Übung. Verstricken Sie sich nicht in Bewertungen. Einfach da weitermachen, wo Sie waren, bevor Sie abgeschweift sind. Das gilt insbesondere auch für den »Klassiker«, wenn es darum geht, sich innerlich zu sammeln und zur Ruhe zu kommen: die Meditation. Es gibt ganz unterschiedliche Techniken und Formen, wie meditiert werden kann: dem Atem folgen, sich auf einen Gegenstand oder ein Wort konzentrieren, die Augen offen, die Augen geschlossen, Meditation im Sitzen, im Liegen, in der Bewegung und so weiter. Vielleicht haben Sie mit der einen oder anderen Methode schon Erfahrungen gesammelt.

Übung 17: Symbolmeditation

Gerade wenn Sie mit Meditation noch wenig Erfahrung haben, ist eine Form günstig, die es leicht macht, die Aufmerksamkeit immer wieder zurückzuholen – indem Sie sie auf einen bestimmten Gegenstand fokussieren. Das kann eine Pflanze sein, die Flamme einer Kerze, eine Skulptur – idealerweise ein Symbol, das eine positive Bedeutung für Sie hat, und auf das Sie gerne immer wieder Ihre Konzentration ausrichten. Richten Sie es so ein, dass Sie wieder etwa zehn Minuten lang ungestört sind.

- Wählen Sie ein Symbol aus, das Sie mit Ruhe, Entspannung und Gelassenheit verbinden, und stellen Sie es vor sich auf. Setzen Sie sich locker, aber mit aufrechtem Rücken davor und achten Sie darauf, dass das Symbol so in Ihrem Blickfeld ist, dass Sie es mühelos betrachten können. Die Hände halten Sie locker im Schoß übereinandergelegt.
- Atmen Sie ruhig ein und aus, während Sie sich ganz auf das Symbol und seine Eigenheiten konzentrieren und sich vorstellen, wie die positive Ruhe-Energie, die das Symbol für Sie ausstrahlt, auf Sie übergeht.
- Schließen Sie die Augen und »sehen« Sie das Symbol vor Ihrem inneren Auge, dann öffnen Sie sie wieder und betrachten es. Bleiben Sie mit Ihrer Aufmerksamkeit ganz dabei, sowohl mit offenen als auch mit geschlossenen Augen.
- Zum Abschluss der Übung neigen Sie den Kopf und bedanken sich bei dem Symbol für die Energie, die es Ihnen vermittelt hat.

Wer regelmäßig meditiert, lernt es mit der Zeit, aufmerksamer mit sich selbst umzugehen und nicht mehr automatisch auf die Auslöser trüber, aggressiver oder entmutigender Gedanken anzuspringen, sondern solche Gedanken kommen und ziehen zu lassen und in der eigenen inneren Mitte zu bleiben. Dies ist ein wichtiger Beitrag zur Selbstregulation und insbesondere dazu, an Selbstbestimmung und Souveränität zu gewinnen.

Wie Forscher in etlichen Studien nachgewiesen haben, können noch weitere positive Effekte regelmäßigen Meditierens nachgewiesen werden: Es fällt leichter, uns zu konzentrieren, wir bauen Stress effektiver ab und auch das Immunsystem wird gestärkt.

Zwar können wir im Prinzip alle von regelmäßiger Meditation profitieren, doch nicht jeder fühlt sich dabei auch wohl. »Obwohl ich einige Zeit bei der Stange geblieben bin, bin ich mit dieser Methode nie richtig warm geworden«, sagt Pamela. »Als ich mich die ersten Male hinsetzte, ganz still, und mich nichts mehr ablenkte, stürzten die Gedanken wie ein Bienenschwarm auf mich ein. Ich habe es mit Symbolmeditation, mit einem Mantra und dem Beobachten des Atems probiert – und nach einiger Zeit fiel es mir auch etwas leichter, mich zu konzentrieren, aber es ist nicht so wirklich mein Ding. Lieber sitze ich irgendwo an einem Bach und beobachte die Wellen, wie sie dahinplätschern. Das beruhigt mich, und ich spüre, wie ich mich von meinem Denken lösen kann und ganz im Hier und Jetzt bin.«

Vielleicht ist Meditation für Sie ein guter Weg, wieder in Ihre innere Mitte zu kommen – prima. Vielleicht geht es Ihnen auch ähnlich wie Pamela und etwas anderes löst bei Ihnen den meditativen Zustand aus: Beobachten der Wellen an einem Wasserlauf oder am Meer, bewusstes Gehen oder auch eine Wanderung.

Fantasiereisen

Unsere Gedanken können ganz unmittelbar körperliche Reaktionen hervorrufen. Wenn wir uns an eine Situation erinnern, erleben wir sie innerlich ein weiteres Mal, nehmen wahr, was wir damals wahrgenommen haben, fühlen, was wir damals gefühlt haben. Je intensiver Sie die jeweilige Erinnerung wiedererleben, desto stärker reagiert auch der Körper darauf – im Positiven ebenso wie im Negativen. Was auch bedeutet, wir können uns nicht nur dadurch entspannen, bewusst einzelne Muskelpartien zu lösen, sondern auch mittels unserer Vorstellungskraft, wie schon die »Reise durch den Körper« gezeigt hat.

Nicht nur der Blick über eine friedliche Parklandschaft im warmen Licht des Spätnachmittags hilft dabei, sich zu entspannen, sondern bereits die Vorstellung davon. Mit Bildern, die uns ein Gefühl von Frieden und Geborgenheit vermitteln, unterstützen wir unseren Körper dabei, Spannungen aufzulösen. Ein solcher innerer Ort des Friedens und der Geborgenheit kann beispielsweise ein bestimmter Raum sein, ein Garten oder auch eine Landschaft – ein Ort, der nur in unserer Fantasie besteht, der vielleicht durch ein Foto inspiriert ist oder auch real ist, an dem wir schon gewesen sind und den wir mit tiefem Wohlbefinden verbinden.

Übung 18: Reise zum inneren Wohlfühlort

Nehmen Sie sich etwa 20 Minuten Zeit und sorgen Sie dafür, ungestört zu sein.

- Nehmen Sie auf einem bequemen Stuhl oder Sessel Platz. Setzen Sie sich bequem, aber aufrecht hin und stellen Sie dabei die Beine parallel auf dem Boden ab. Legen Sie die Handflächen im Schoß ineinander; die Handflächen zeigen nach oben.
- Schließen Sie die Augen und lassen Sie den Atem ganz locker ein- und ausströmen, folgen Sie den Atemzügen mit Ihrer Aufmerksamkeit.
- Nun stellen Sie sich einen Ort vor, der für Sie Frieden und Geborgenheit ausstrahlt. Vielleicht sind Sie schon einmal dort gewesen, oder vielleicht ist es auch ein Ort, den Sie auf einem Foto gesehen haben und den Sie sich einfach himmlisch vorstellen – oder Sie lassen einen Ort ganz aus einer momentanen Eingebung heraus entstehen.
- Spüren Sie sich so gut, wie es Ihnen möglich ist, in diesen inneren Ort hinein. Was können Sie alles sehen? Was hören Sie? Welche anderen Sinneseindrücke nehmen Sie wahr? Vielleicht spüren Sie die Sonne auf Ihrer Haut oder einen leichten, warmen Wind über das Haar wehen. Vielleicht streift ein bestimmter Geruch oder ein Duft Ihre Nase. Genießen Sie den Frieden, der von Ihrem inneren Ort ausgeht, die Geborgenheit, die er vermittelt.
- Wenn Ihnen während dieser kleinen mentalen Reise Gedanken darüber in den Kopf kommen, was Sie im Alltag gerade beschäftigt, dann nehmen Sie sie wahr und lassen Sie sie dann einfach ziehen. Kehren Sie innerlich immer wieder zu ihrem inneren Ort zurück.
- Nach einer Weile verabschieden Sie sich von Ihrem Wohlfühlort und nehmen dann auch die Entspannung wieder zurück.
- Am besten gelingt dies durch ausgiebiges Gähnen und Rekeln und dadurch, dass Sie Ihre Arm- und Beinmuskeln ein paarmal hintereinander kurz an- und wieder entspannen.

Fantasiereisen sind sehr wirksam, um Abstand zum Alltag zu finden und wieder in die innere Mitte zu kommen. Sie regen die Kreativität an und fördern zuversichtliches Denken und optimistische Gefühle. Ähnlich wie die Übungen zum Atem und zur Achtsamkeit sind Fantasiereisen sehr einfach durchzuführen und wirken ganz unmittelbar, ohne dass dafür komplizierte Vorkehrungen zu treffen sind. Sie brauchen nur etwas Zeit und Ruhe, um in Ihre eigene Fantasiewelt abtauchen zu können.

4. Impuls: Sich mit der eigenen Geschichte versöhnen

Um inneren Frieden zu finden und den Blick lösen zu können von Unrecht, das wir erlitten haben, von Kränkungen und Verlusten – aber auch von eigenen Fehlentscheidungen und eigener Schuld –, ist es unabdingbar, bewusst Ja zu sagen zur Geschichte unseres eigenen Lebens. Es gilt, anzunehmen, was wir im Nachhinein nicht zu ändern vermögen, und auch, Verständnis zu entwickeln für unser jüngeres Ich, was vieles von dem nicht wusste, was uns heute ganz klar ist.
Es gilt, sich innerlich zu versöhnen mit der Familie, aus der wir kommen, unseren Eltern und auch den Geschwistern und allen, die in unserer Kindheit wichtige Bezugspersonen für uns waren: Großeltern, Erzieher/innen, Lehrer/innen, damaligen Freundinnen und Freunden, und denen, die uns schaden wollten. Denen, die uns nicht zu schützen vermochten vor den Verletzungen durch andere. Uns auch versöhnen mit eigenen schwierigen Erbanlangen, unserem Aussehen, unseren ungeliebten Eigenschaften, Beeinträchtigungen und Schwächen – sodass am Ende ein umfassendes Ja zu uns selbst stehen kann und die Erfahrung, uns selbst als Person wertzuschätzen – mit allen Ecken und Kanten. Dabei helfen die hier vorgestellten Methoden.

Trost für das Innere Kind

Das »Innere Kind« symbolisiert Teile unserer Psyche, in der unsere frühen Erfahrungen im Leben und die damit verbundenen Gefühle abgespeichert sind. Erfahrungen, die uns oft im Hier und Jetzt nicht mehr zugänglich sind, aber auch solche, die jederzeit reaktiviert werden können.
Das Innere Kind ist Teil unserer Persönlichkeit. Darin ist abgespeichert, was wir in der Kindheit erlebt haben. Dazu gehört das Spektrum intensiver Gefühle wie überschäumende Freude, Glück, Traurigkeit, tiefer Schmerz, Intuition und Neugierde, Gefühle von Verlassenheit, Angst und Zorn.

Alle diese im Gehirn gespeicherten Erinnerungen, Erfahrungen und Emotionen aus der Kindheit repräsentiert das Innere Kind; schöne Erlebnisse und positive Gefühle, aber eben stets auch Negatives: Selbstzweifel, Ängste, Neid, Eifersucht, Kränkungen.

Gerade diese negativen Erfahrungen und die damit verbundenen Gefühle sind es, die uns noch Jahrzehnte später beunruhigen und uns zu impulsiven, uns oder andere schädigenden Handlungen verleiten können. Das Innere Kind bewahrt in sich, wie klein es sich gefühlt hat, wenn es ausgeschimpft wurde, wie einsam und verlassen es sich vorkam, wenn die Eltern oft weg waren. Oder auch wie unsichtbar es sein musste, um niemanden zu stören. Wie sehr es sich nach Wärme und Wertschätzung gesehnt hat.

Herauszufinden, was unserem Inneren Kind vor langer Zeit so sehr gefehlt hat, ist der erste Schritt dazu, einen Versöhnungsprozess einzuleiten. Der zweite Schritt besteht dann darin, ihm im Hier und Heute das zu geben, was es braucht.

Dazu gehören spielerische, symbolische Handlungen: sich vorzustellen, das Innere Kind, sein früheres Selbst, in den Arm oder an die Hand zu nehmen, mit ihm zu sprechen. Das ist vielleicht ein wenig ungewohnt oder erscheint befremdlich. Doch in diesem Dialog, den Sie mit Ihrem früheren Ich führen, haben Sie die Chance zu erkennen, wer Sie damals waren und heute sind, zu erkennen, was Sie geprägt hat und was Sie sich eigentlich, hinter allen Einflüssen von außen, vom Leben wünschen. Letztlich ist es der Blick zurück, der Sie dann nach vorne bringt.

Übung 19: Begegnung mit dem Inneren Kind

Nehmen Sie sich wieder etwa 20 Minuten Zeit und sorgen Sie dafür, ungestört zu sein.

- Setzen Sie sich bequem, aber aufrecht hin und legen Sie die Handflächen im Schoß ineinander; die Handflächen sind nach oben gerichtet.
- Schließen Sie die Augen und lassen Sie den Atem ganz locker ein- und ausströmen, und nehmen Sie bewusst wahr, wie der Atem kommt und geht.
- Begeben Sie sich in Ihrer Fantasie wieder zu Ihrem inneren Wohlfühlort und verbinden Sie sich mit dem Gefühl von Ruhe, Sicherheit und Geborgenheit.
- Richten Sie Ihre Aufmerksamkeit auf alles, was es an diesem Ort zu sehen, zu hören und zu spüren gibt. Vielleicht steigt auch ein Geruch oder Duft in Ihre Nase oder Sie schmecken etwas Bestimmtes. Spüren Sie die Anmutung von Ruhe und Geborgenheit, die von Ihrem inneren Wohlfühlort ausgeht.
- Nun sehen Sie ein Kind neben sich stehen – vielleicht ist es aus der Ferne aufgetaucht und in seinem ganz eigenen Tempo auf Sie zugekommen, vielleicht ist es einfach aufgetaucht. Nehmen Sie einfach wahr, dass es da ist. Es ist Ihr Inneres Kind, das zu Ihnen aufblickt, Ihr eigenes jüngeres Selbst, das da jetzt seine kleine Hand in Ihre große Hand legt. Fassen Sie Ihr Inneres Kind an der Hand und führen Sie es an Ihrem Wohlfühlort herum; zeigen Sie ihm alles, was es hier wahrzunehmen gibt. Wenn Sie den Impuls haben, das Innere Kind zu umarmen, dann geben Sie diesem Impuls nach – wenn Sie spüren, dass dies auch für das Innere Kind in Ordnung ist.

Mit etwas Übung können Sie sich in beide Rollen nacheinander einfühlen: in Ihr heutiges Selbst und in das Innere Kind.

Suchen Sie zusammen mit dem Inneren Kind ein kleines Souvenir, das an den inneren Wohlfühlort und die Begegnung erinnert. Vielleicht ein kleiner Stein, ein Blatt oder ein Zweiglein.

Dann verabschieden Sie sich von Ihrem Inneren Kind und sagen ihm, dass sie einander jederzeit wieder am Wohlfühlort begegnen können.

Kommen Sie langsam wieder ins Hier und Jetzt zurück.

Besorgen Sie sich eine Entsprechung des Souvenirs vom Wohlfühlort und tragen Sie es entweder mit sich oder stellen Sie das Andenken an einen Platz, wo öfters am Tag Ihr Blick darauf fällt.

Im Laufe der Zeit wird dieser Gegenstand zum Symbol für das Gefühl der Ruhe und Geborgenheit und der Verbundenheit mit Ihrem jüngeren Ich.

Wenn Sie diese Übung zum Bestandteil Ihres Alltags machen und Sie täglich anwenden, wird es immer besser gelingen, dieses Gefühl der Ruhe und Geborgenheit und der innerlichen Verbundenheit in sich wachzurufen.

Es kann sein, dass Sie den Impuls verspüren, in Ihrer Fantasie mit dem Inneren Kind zu sprechen. Das darf geschehen. Achten Sie dabei darauf, achtsam und liebevoll zu sein.

Womöglich bewegt Sie diese Übung sehr. Lassen Sie es zu. Auch Tränen sind völlig in Ordnung. »Taschentücherweise Tränen«, berichtet Kerstin. »Aber von Anfang an wusste ich: Es ist richtig, dass ich mich darauf einlasse. Mein Inneres Kind, das so verschüchtert und ängstlich am Rande stand, das sich nicht traute, näherzukommen, das hat mich sofort zurückgebeamt in den Kindergarten, wo das meine Realität gewesen ist. Es hat mich gerührt. Und als dann nach einigen Besuchen am Wohlfühlort der Abstand zwischen uns kleiner wurde, hatte ich den Eindruck, etwas tief in mir bewegt sich. Das klingt vielleicht etwas seltsam, aber so war es. Mittlerweile bewegen wir uns in der Fantasie Hand in Hand und ich bin abwechselnd mein heutiges und mein damaliges Ich. Es hat sich etwas gelockert in mir. Ich bin entspannter geworden.«

Gerade wenn wir mit Erfahrungen hadern oder meinen, uns selbst etwas nicht verzeihen zu können, ist es möglich, dass wir uns schwer mit einem liebevollen Kontakt zum Inneren Kind tun. Überstürzen oder erzwingen Sie nichts. Es ist genauso okay, wenn Sie das Innere Kind nur aus der Ferne sehen oder es vielleicht gar nicht auf Anhieb visualisieren können. Dann nicken Sie einfach oder winken dem Inneren Kind vielleicht auch nur freundlich zu.

Einige Besuche am Wohlfühlort später wird sich mit großer Wahrscheinlichkeit etwas verändern; Sie werden besser in Kontakt mit Ihrem früheren Ich kommen.

Innere Versöhnungsprozesse nehmen Zeit in Anspruch. Doch je weiter sie fortschreiten, desto mehr wird sich auch das Gemüt aufhellen und desto mehr Energie setzen Sie frei. Sie werden sehen, dass Sie Trost finden werden. Haben Sie Geduld und seien Sie nicht zu streng zu sich.

EMDR (Eye Movement Desensitization and Reprocessing)

EMDR bedeutet im Deutschen Desensibilisierung und Verarbeitung durch Augenbewegung und entstammt eigentlich der Traumatherapie. Die Methode wurde von der amerikanischen Ärztin Dr. Francine Shapiro entwickelt und gilt heute als eine effektive Methode zur Linderung von Stress und Belastungen. Dabei werden – ähnlich wie das in der REM-Schlafphase von selbst geschieht und der Verarbeitung von Erlebtem im Traum dient – die Augen schnell hin- und herbewegt. Wie beim Träumen bewirkt diese bilaterale Stimulierung der Hirnhälften auch im Wachzustand, dass Erlebtes besser bewältigt werden kann.

Übung 20: Blick für Blick Belastendes bewältigen

Sorgen Sie wieder dafür, etwa 20 Minuten ungestört zu sein.

- Setzen Sie sich aufrecht hin und prüfen Sie, was die äußersten Punkte im rechten und linken Augenwinkel sind, die Sie, ohne den Kopf zu drehen, wahrnehmen können. Die Punkte sollten auf gleicher Höhe sein. Markieren Sie diese – beispielsweise mit je einem Klebepunkt. Dann nehmen Sie wieder Platz, atmen Sie ein paarmal ein und folgen Sie dem Atem mit Ihrer Aufmerksamkeit.
- Dann suchen Sie sich eine Erinnerung, ein aktuelles Erlebnis oder ein belastendes Gefühl aus, das Sie gerne verändern möchten.
- Fragen Sie sich zunächst, was genau Sie an diesem Thema belastet, welcher Aspekt dies genau ist. Ist es etwas, was Ihnen Angst macht? Oder Sie gekränkt hat? Sie aggressiv macht? Oder eine starke Niedergeschlagenheit auslöst? Ärger über sich selbst? Oder sind es Schuld- oder Schamgefühle? Identifizieren Sie das, was Sie belastet, so genau wie möglich.
- Überlegen Sie auf einer Skala zwischen 1 und 10, wie intensiv Sie die Erinnerung oder das Gefühl einschätzen (1 = kaum zu spüren, 10 = äußerst heftig). Hierbei handelt es sich um eine individuelle, intuitive Einschätzung.
- Während das Erlebte oder Gefühlte noch in Ihnen nachklingt, lassen Sie den Blick schnell zwischen den beiden Klebepunkten hin- und herwandern. Bewegen Sie den Kopf dabei nicht, nur die Augen. Wiederholen Sie das schnelle Hin und Her einige Minuten lang.
- Lassen Sie Ihre Augen dann wieder zur Ruhe kommen und lassen Sie den Atem ein paar Atemzüge lang bewusst ein- und ausströmen. Stellen Sie sich wieder die Intensitätsskala vor. Wenn Sie an das Erlebte oder Gefühlte denken: Wo würden Sie es jetzt auf dieser Skala verorten?

Nach einer EMDR-Übung fühlen wir uns oft spürbar entlastet. Lag der Wert vorher vielleicht bei einer 7, ist er nach der Übung eher einem Wert von 4 oder 3 zuzuordnen. Natürlich ist daraus nicht zu folgern, dass dies nun für alle Zeiten so bleibt. Doch wer ein Problem, einen quälenden Gedanken oder ein belastendes Gefühl einige Tage lang immer wieder mit einer EMDR-Übung behandelt, erlebt häufig, wie der innere Stress, der mit dem Geschehnis verbunden ist, dauerhaft geringer wird.

EFT (Emotional Freedom Technique)

EFT heißt übersetzt Technik der emotionalen Freiheit und wird der sogenannten energetischen Psychologie zugeordnet. Die Methode selbst stammt aus der traditionellen chinesischen Medizin und ist – einfach ausgedrückt – eine Art Akupunktur, bei der jedoch keine Nadeln zum Einsatz kommen. Stattdessen werden bestimmte Meridianpunkte im Körper stimuliert, indem man auf der Körperoberfläche leicht darauf klopft. Unter Meridianpunkten versteht man Punkte auf den Energiebahnen, die in der traditionellen chinesischen Medizin eine große Rolle spielen. Nach dieser Lehre fließt unsere Lebensenergie, das Chi, in Bahnen und mit dem Beklopfen der Meridianpunkte lassen sich energetische Blockaden lösen.

Übung 21: Emotionalen Stress wegklopfen

Nehmen Sie sich etwa zehn Minuten Zeit und sorgen Sie wieder dafür, ungestört zu sein. Sie können die Übung im Stehen oder auch im Sitzen durchführen. Wie bei der EMDR-Übung brauchen Sie auch beim EFT wieder ein Thema, von dem Sie wissen, dass es in Ihnen emotionalen Stress auslöst – eine Erinnerung, ein Erlebnis, ein Gefühl.

- Fragen Sie sich zunächst wieder, was Sie an diesem Thema belastet, welcher Aspekt dies genau ist. Ist es etwas, was Ihnen Angst macht? Oder Sie gekränkt hat? Sie aggressiv macht? Oder eine starke Niedergeschlagenheit auslöst? Ärger über sich selbst? Oder handelt es sich um Schuld- oder Schamgefühle? Identifizieren Sie das, was Sie belastet, so genau wie möglich.
- Überlegen Sie auf einer gedachten Skala zwischen 1 und 10, wie intensiv Sie die belastende Erinnerung oder das stresserzeugende Gefühl einschätzen (1 = kaum zu spüren, 10 = äußerst heftig).
- Klopfen Sie dann nacheinander mit Zeige- und Mittelfinger auf bestimmte Punkte (siehe Beschreibung weiter unten).
- Halten Sie dabei die Gedanken an das Thema, das Sie so stark beschäftigt, aufrecht, und formulieren Sie einen Satz, der wie folgt aufgebaut ist: »Obwohl ich ... (hier das Thema nennen, zum Beispiel »mit mir selbst unzufrieden bin«, »immer wieder an dieses Erlebnis denken muss«, »diese Erinnerung so schlecht loslassen kann«, und so weiter). Im zweiten Teil des Satzes formulieren Sie eine wohlwollende und wertschätzende Aussage über Ihre Selbstakzeptanz, zum Beispiel »... liebe und akzeptiere ich mich voll und ganz« oder »... finde ich mich völlig okay so, wie ich bin«.
- Finden Sie eigene Worte dafür, dass Sie sich selbst lieben und wertschätzen. Wählen Sie den Satz aus, der in Ihnen die größte positive Resonanz erzeugt. Dies ist Ihre (Selbst-)Versöhnungsformel.

▶ Dabei klopfen Sie folgende Punkte nacheinander jeweils etwa 30 Sekunden lang:

- das »dritte Auge«: ein bis zwei Zentimeter über der Nasenwurzel
- die Region zwischen Nase und Oberlippe
- die kleine Kuhle zwischen Unterlippe und Kinn
- eine Handbreit über dem Brustbein (ungefähre Lage der Thymus-Drüse)

Wiederholen Sie dies drei- bis viermal hintereinander und ziehen Sie dann ein Resümee:

Was ist jetzt anders? Wie hat sich das Thema verändert? Ordnen Sie auf einer Skala von 1 bis 10 wieder die Intensität ein.

Wenn das Ranking sich zwar verbessert hat, aber noch mehr als gefühlt 3 beträgt, dann klopfen Sie mit der Innenseite der Finger auf einen Punkt an der Handkante unterhalb des kleinen Fingers und sagen laut – oder auch nur innerlich – zu sich selbst: »Ich akzeptiere mich voll und ganz, auch wenn ich immer noch ...« (hier wieder Ihr Thema einfügen beziehungsweise das, was davon graduell noch nachklingt).

Tipp: *Wenn Sie sich im Alltag dabei ertappen, sich selbst zu verurteilen oder geringschätzig von sich zu denken, dann sprechen Sie innerlich, ruhig auch wiederholt (oder wenn Sie alleine sind, auch laut), Ihre Versöhnungsformel.*

Re-Imprinting: Einbringen, was damals fehlte

Unter einem Imprint (dt.: Prägung) ist ein wichtiges Ereignis in einer frühen Phase unseres Lebens zu verstehen, ein Ereignis, das zu einer Überzeugung oder einem ganzen Bündel von Überzeugungen führte. So hat die Erfahrung, gemobbt zu werden, Kerstin extrem vorsichtig im Kontakt mit anderen werden lassen. Ihrer Überzeugung nach ist Zuneigung, die andere ihr zeigen, niemals echt, unterschwellig wartet sie förmlich darauf, dass andere ihr »wahres Gesicht« zeigen.

Durch die Übung »Begegnung mit dem Inneren Kind« haben Sie bereits Erfahrungen damit gemacht, was sich mittels der Kraft der Vorstellung alles zum Guten wenden lässt.

Wenn Sie nun das Erleben einer bestimmten unguten Situation in der Vergangenheit in Ihrer Fantasie verändern, hat das auch einen Einfluss auf die damals daraus entstandenen Überzeugungen und Sie werden freier darin, anders auf das Gewesene zurückzuschauen und im Hier und Heute Situationen anders zu werten.

Die Methode des Re-Imprinting wurde von Robert Dilts entwickelt und fußt auf der These, dass wir alle auch in einer späteren Phase unseres Lebens noch neue Prägungen erwerben können – was wiederum auch von Studien der Hirnforschung in den letzten Jahrzehnten bestätigt wird.

Wir bearbeiten hierbei ein problematisches Erlebnis, das zu einer entsprechenden Prägung geführt hat, indem wir in unserer Vorstellung hilfreiche Ressourcen in die damalige Situation einführen und damit das gedankliche und gefühlsmäßige Erleben dieser Situation verändern.

Übung 22: Vergangenes neu erleben

Nehmen Sie sich wieder etwa 20 Minuten Zeit und sorgen Sie dafür, ungestört zu sein.

- Setzen Sie sich bequem, aber aufrecht hin und legen Sie die Handflächen im Schoß ineinander; die Handflächen sind nach oben gerichtet.
- Schließen Sie die Augen, lassen Sie den Atem ganz locker ein- und ausströmen; nehmen Sie bewusst wahr, wie der Atem kommt und geht.
- Denken Sie nun an ein Problem, bestimmte Gedanken oder Gefühle, ein bestimmtes Verhalten, das Sie seit Langem bedrückt. Worum geht es bei dem Problem genau? Welche Gefühle tauchen auf?
- Lassen Sie die Situationen, in denen das Problem auftaucht, an Ihrem inneren Auge vorüberziehen. Gehen Sie innerlich in der Zeit immer weiter zurück, bis Sie an Ihre früheste Erinnerung daran gelangen. Es ist nicht wichtig, ob dies tatsächlich die allerfrüheste ist, sondern es genügt, dass es die früheste ist, die Ihnen ins Bewusstsein kommt. Was nehmen Sie wahr? Was geschieht in dieser Situation genau? Was ist Ihre Rolle dabei? Was denken Sie über die beteiligten Personen? Was denken Sie über sich selbst? Wie fühlen Sie sich?
- Bleiben Sie einige Atemzüge lang in dieser Erinnerung. Dann gehen Sie in der Erinnerung noch weiter zurück, zu dem, wie es war, als das Problem noch nicht bestanden hat. Was nehmen Sie wahr? Wie fühlen Sie sich? Atmen Sie ein und aus und begleiten Sie ganz bewusst Ihre Atemzüge.
- Dann öffnen Sie die Augen. Kommen Sie ganz ins Hier und Jetzt zurück, indem Sie aufstehen, ein paar Schritte gehen, Arme und Beine ausschütteln und sich einmal um die eigene Achse drehen.
- Blicken Sie nun »von außen« auf die prägende Erfahrung in Ihrer Vergangenheit zurück. Identifizieren Sie, wie sich diese Erfahrung auf Ihr späteres Leben ausgewirkt hat, welche Überzeugungen Sie aufgrund dieser Erfahrung erworben haben und wie diese wiederum Ihr Handeln beeinflusst haben. Was ist das Ungute und was das Gute an diesen Überzeugungen?

- Denken Sie nach und fragen Sie sich, was Sie damals am allernötigsten gebraucht hätten.
- Schließen Sie wieder die Augen und stellen Sie sich dann vor, wieder in der damaligen Situation zu sein und genau das zu bekommen, was Sie damals so nötig hatten. Und jetzt ist es so, wie es damals hätte sein sollen! Spielen Sie die Situation mit dieser Veränderung in Ihrer Vorstellung durch, ebenso die weiteren Situationen, in denen diese Veränderung nun ebenfalls wirksam wird. Gehen Sie damit die erinnerten Situationen eine nach der anderen durch, bis Sie wieder in der Gegenwart angekommen sind.
- Öffnen Sie dann wieder die Augen und kommen Sie ganz ins Hier und Jetzt zurück. Atmen Sie tief durch, rekeln und strecken Sie sich, gähnen Sie herzhaft.

Wenn Sie jetzt an das »Damals« denken, an das von Ihnen in der Fantasie veränderte Ereignis: Hat sich die Wahrnehmung der Situation verändert? Und wenn ja: Was macht es bezogen auf Ihre Gefühle und Ihre Gedanken für einen Unterschied?

Obgleich die Veränderung des Damaligen nur in der Vorstellung geschieht – ja nur auf diese Weise geschehen kann –, so hat dies doch einen Einfluss auf unsere Wahrnehmung des Gegenwärtigen und die Art und Weise, wie wir künftig auf Geschehenes zurückblicken. Bei der Durchführung dieser Übung können starke Gefühle aufwallen: Mitgefühl mit sich selbst, Trauer, Tränen, auch Wut oder Angst. »Anstrengend«, findet Kerstin, »um diese Übung hätte ich am liebsten einen großen Bogen gemacht, wollte nicht diese alten schlimmen Erfahrungen wieder aufrühren, tja, wäre da nicht die Neugier gewesen. Wenn ich daran dachte, so richtig intensiv zurück in meinen damaligen Schmerz zu gehen, kriegte ich Herzklopfen. Schließlich habe ich meine Schwester gebeten, einfach dabei zu sein. Das war sehr beruhigend. Ich glaube, alleine hätte ich mich nicht so intensiv damit beschäftigen können. Es kamen viele Tränen und Margit hat mich dann in den Arm genommen. Wir standen uns nie sehr nah, aber dieser Tag hat uns nach all der Zeit einander nähergebracht. Wir haben dann lange miteinander geredet. Und: Allein, dass ich mich getraut habe, sie um Hilfe zu bitten, war für mich schon eine Großtat – ein Zeichen dafür, dass es anfängt anders zu laufen in meinem Leben.«

Dankbarkeit zeigen

Last, not least möchte ich Sie noch an eine sehr einfache Möglichkeit erinnern, wie Sie innere Versöhnungsprozesse befördern und zunehmend Freude und Zufriedenheit spüren können. Denken Sie tagsüber immer mal wieder ganz bewusst daran, was in Ihrem Leben gut und richtig ist und was für Sie Quellen der Kraft, des Glücks und der Zuversicht sind. Oft nehmen wir das, was schön ist, gut läuft, problemlos funktioniert kaum wahr. Denn wir konzentrieren uns mehr darauf, was alles nicht so klappt wie erwartet, was anstrengend, öde oder nervtötend ist. Und viele Dinge betrachten wir als selbstverständlich, wie beispielsweise ein Dach über dem Kopf zu haben, mit modernen Kommunikationsmitteln jederzeit Kontakt zu anderen aufnehmen zu können, die Möglichkeit, uns selbst große und kleine Wünsche erfüllen zu können, uns so weiter.

Fragen Sie sich doch einmal ganz ernsthaft, was alles Sie schmerzlich vermissen würden, wenn Sie es nicht mehr zur Verfügung hätten. Denken Sie dabei an Ihre Lebensweise: Ihre Arbeit, Ihre Familie, Ihre Freundinnen und Freunde, Ihre Besitztümer ... oder auch Ihre Lebensumstände: frei Ihre Meinung äußern zu können, in Frieden zu leben, nicht wegen bestimmter Merkmale oder Ihrer Lebensanschauung verfolgt zu werden. Stellen Sie sich vor, wie Ihr Leben aussähe, wenn all das, woran Ihnen liegt, weg und unerreichbar für Sie wäre.

Und schon haben Sie viele Gründe gefunden, dankbar zu sein.

Übung 23: Fünf Gründe für Dankbarkeit

Besorgen Sie sich ein Schreibheft oder legen Sie eine neue Datei in Ihrem Computer an. Dies ist nun für die nächsten vier Wochen Ihr Dankbarkeits-Tagebuch.

Zählen Sie jeden Abend fünf Dinge an Ihren Fingern ab, für die Sie dankbar sein können. Das können kleine und große Dinge sein: eine unverhoffte Begegnung, Sonnenschein nach zwei Wochen Nieselregen, nach einer Grippe wieder genesen zu sein, ein Schnäppchen im Baumarkt – was auch immer. Notieren Sie die fünf Gründe unter dem Datum des jeweiligen Tages und bleiben Sie während der vier Wochen bei der Stange – egal, in welcher Stimmung Sie sind. Vermeiden Sie Dopplungen und finden Sie stattdessen jeden Tag neue Gründe dafür, dankbar zu sein.

Wenn Sie nach einem Monat Ihre Einträge betrachten, sehen Sie 140 Dankbarkeitsimpulse vor sich. – Gleichzeitig hat sich mit großer Wahrscheinlichkeit Ihr Lebensgefühl positiv verändert. Vielleicht ist Ihnen das bewusste Ausschauhalten nach angenehmen und glückstiftenden Dingen auch zur zweiten Natur geworden – sodass Sie weiterhin spontan Anlässe wahrnehmen, dankbar zu sein.

Diese Übung hat Mario dabei geholfen, sein Leben wieder in die Hand zu nehmen, sich zuzugestehen, dass auch Lebensfreude und Aktivitäten ihren Platz bekommen.

»Ich erwarte nicht, dass sich jetzt alles in jeder Hinsicht wendet, erwarte nicht, eine neue Partnerin zu finden, so ›groß‹ denke ich gar nicht. Mir ist eher so, als sei ich aus einer Art Betäubung wieder zu mir gekommen. Ich fühle nicht mehr nur die Trauer und diese dumpfe Wut, das ist endlich weniger geworden. Stattdessen bin ich nun öfters gut gelaunt und unternehmungslustig und freue mich über ganz einfache Dinge. Für mich ist das ein Anfang.«

5. Impuls: Überzeugungen ändern und neue Ziele finden

In diesem Abschnitt geht es darum, bewusst an einer neuen Ausrichtung zu arbeiten. Nach einem spielerischen Einstieg, in dem wir kleine Alltagsgewohnheiten verändern – das ist mit dem »Aufwärmen« im Sport zu vergleichen –, nehmen wir den Faden wieder auf, den wir schon im letzten Abschnitt beim Re-Imprintig in Arbeit hatten. Es geht um den Wandel bestimmter Überzeugungen, die uns in unguten Erinnerungen, Gefühlen und Verhaltensmustern festhalten. Indem wir anders denken und fühlen, ermöglichen wir es uns, gute Entscheidungen zu treffen und uns neue Ziele zu setzen.

Gewohnheiten auflockern

Vieles tun wir, ohne aufmerksam dabei zu sein. Natürlich ist es praktisch, wenn Tätigkeiten, die wir einmal gelernt haben, automatisiert ablaufen und ohne bewusstes Überlegen. Gehen, Auto fahren, Zähne putzen, ein Computerprogramm bedienen, eine Information einordnen. Dabei müssen wir uns nicht anstrengen. Das spart Zeit und Energie. Doch manchmal kann dieses automatische Reagieren uns eher schaden als nützen. Wenn wir Dinge immer auf dieselbe Weise tun und nicht mitbekommen, dass es bessere, interessantere oder effektivere Möglichkeiten gibt, wenn wir impulsiv reagieren und dadurch jemand vor den Kopf stoßen, wenn wir im Restaurant immer wieder dasselbe Gericht bestellen und uns dadurch neue Erfahrungen entgehen lassen. Natürlich ist es bequem, immer das Gleiche zu denken, zu tun und zu erleben, doch es hindert uns daran, eingefleischte Muster zu verändern.

Das Trainieren der Achtsamkeit (S. 39ff.) hat uns dafür sensibilisiert, unseren »Autopiloten« ab und zu auszuschalten und Gewohntes auf eine andere, eine bewusstere Weise zu handhaben als sonst.

Dieses Bewusst-Werden können Sie durch gezielte Veränderungen in Ihren alltäglichen Abläufen auf spielerische Weise noch intensiver gestalten.

Übung 24: Veränderungstraining

Machen Sie vier Wochen lang jeden Tag etwas anders, als Sie es gewohnt sind. Ordnen Sie Ihre Schreibtischschubladen neu und beobachten Sie, wie häufig sie danach automatisch an der alten, bisher gewohnten Stelle nach einem bestimmten Utensil, etwa einer Schere, greifen wollen. Lesen Sie eine ganz andere Tageszeitung als gewohnt und registrieren Sie die Unterschiede. Wählen Sie einen anderen Weg zur Arbeit und beobachten Sie, was Sie dabei alles sehen und hören. Gehen Sie zu Fuß, statt das Fahrrad zu nehmen. Fahren Sie Fahrrad, statt sich ins Auto zu setzen, oder nutzen Sie den Bus beziehungsweise die Bahn und nehmen Sie wahr, wie das für Sie ist. Essen Sie anders als gewohnt, wählen Sie Nahrungsmittel, die Sie noch nie gegessen haben, und konzentrieren Sie sich auf Geruch und Geschmack, trinken Sie Tee statt Kaffee oder umgekehrt und so weiter.

Beobachten Sie, wie es für Sie ist, Dinge anders als gewohnt anzupacken, wie es Ihnen dabei geht, auf welche Gedanken Sie kommen, welche Gefühle Sie dabei haben.

Diese kleinen Umgestaltungen des Alltags sind nichts Spektakuläres, es geht bei dieser Übung darum, sich im bewussten Verändern zu üben, sich speziell darin zu üben, vertraute Muster und schematische Abläufe zu verlassen und Neues zu entdecken.

Hinderliche Überzeugungen verändern

Das Veränderungstraining ist ebenso wie die Übung des Re-Imprinting eine gute Vorübung zum Wandel hinderlicher Überzeugungen, die uns bisher das Leben schwer gemacht haben. Dabei fasst der Begriff »Überzeugungen« alles zusammen, was sich im bewussten Denken abspielt, also alle Einstellungen, Vorannahmen, Urteile, Vorurteile und Bewertungen. Das alles spiegelt sich in unserem Denken und prägt unsere Sicht auf die Welt, lenkt unsere Entscheidungen. Bestimmen negative Überzeugungen unser Denken, so kann uns dies das Leben schwer machen und durch negative Vorannah-

men positive Erlebnisse verhindern. Positive Überzeugungen hingegen können zur positiven Wahrnehmung unserer Umgebung und unserer Stärken und Fähigkeiten beitragen.
Denken Sie an das einfache Beispiel vom Optimisten und dem Pessimisten und dem zur Hälfte gefüllten Glas Wasser. Für den Optimisten ist es halb voll, für den Pessimisten halb leer – was sich bei beiden auf die Gefühle und mittels entsprechender Hormonausschüttungen auch auf das körperliche Befinden auswirkt. Wie unmittelbar Überzeugungen körperliche Reaktionen hervorrufen, ist leicht nachzuvollziehen: Denken Sie an jemanden, den Sie nicht mögen, oder an eine belastende Situation – ganz unmittelbar werden Sie spüren, wie sich die Muskelspannung erhöht. Wenn Sie hingegen an jemanden, den Sie mögen, oder an etwas Angenehmes denken, lässt die Muskelspannung nach. Eins führt zum anderen. Wie jemand das, was er gerade wahrnimmt, beurteilt, beeinflusst das körperliche wie auch das seelische Wohlbefinden. Es ist nicht möglich, sich niedergeschlagen zu fühlen, ohne bedrückende Gedanken, Einschätzungen und Beurteilungen zu haben. Versuchen Sie, »aus dem Stand heraus« traurig zu sein – dies wird nur gelingen, wenn Sie sich ein Erlebnis ins Gedächtnis rufen, das Sie mit Trauer und Verlust in Verbindung bringen.
Die Frage, weshalb genau wir bestimmte Überzeugungen haben und woher diese kommen, ist interessant, doch noch wichtiger ist es, zu erkennen, wo wir uns mit alten Denk- und Bewertungsmustern selbst im Wege stehen. Erst dann können wir die Entscheidung treffen, ob wir weiterhin so denken wollen oder Strategien erwerben und trainieren, die dem Denken eine andere Richtung zu geben.
Viele Ihrer persönlichen Überzeugungen sind Ihnen bewusst: religiöse und politische beispielsweise, solche, die sich an kulturellen und gesellschaftlichen Regeln orientieren, die persönliche Einschätzung Ihrer Intelligenz, Ihr Selbstverständnis als Frau oder Mann, als wie attraktiv Sie sich selbst betrach-

ten und so weiter. Um denjenigen Überzeugungen auf die Spur zu kommen, die eher unbewusst wirksam sind, ist die nachfolgende Übung nützlich.

Übung 25: Überzeugungen erkennen

Nehmen Sie sich wieder etwa eine Viertelstunde Zeit und sorgen Sie dafür, ungestört zu sein. Halten Sie Stift und Papier bereit, denn es geht darum, die nachfolgenden Sätze spontan zu vervollständigen. Denken Sie nicht lange nach, nehmen Sie das Erste, was Ihnen in den Sinn kommt:

- Der Lieblingssatz meiner Mutter war:
- Mein Vater sagte häufig:
- Das Leben ist …
- Menschen sind …
- Der Satz, den ich in meiner Kindheit am häufigsten hörte, war …
- Wenn … nicht geschehen wäre, würde ich …
- Wenn ich eine glückliche Kindheit gehabt hätte, könnte ich jetzt …
- Andere haben immer mehr … als ich.
- Wenn ich nicht so … wäre, würde ich …
- Wenn ich könnte, wie ich wollte, würde ich sofort …
- In der Schule hörte ich oft, dass …
- Wenn ich etwas Schönes erlebe, denke ich …
- Wenn ich etwas Problematisches zu lösen habe, denke ich …
- Wenn mir ein Fehler unterläuft, denke ich …
- Wenn andere unhöflich oder unaufmerksam mir gegenüber sind, denke ich …
- Wenn ich anderen vertraue …
- …

Sie können diese Reihe beliebig um weitere Sätze ergänzen, von denen Sie den Eindruck haben, Sie spielen für Ihre Entscheidungen und Ihr Handeln eine Rolle.

Unsere Überzeugungen sind uns oft in Fleisch und Blut übergegangen, sind uns so selbstverständlich geworden, sodass wir gar nicht mehr reflektieren, dass sie nicht »die Wahrheit« sind, sondern subjektive Anschauungen, die von kulturellen, religiösen und gesellschaftlichen Normen geprägt sind und ganz speziell auch von den Einstellungen, die sich in unserer Herkunftsfamilie und dem Umfeld, in dem wir aufgewachsen sind, als Leitwerte herausgebildet haben. Dazu kommen unsere persönlichen Erfahrungen, die wir im Lauf des Lebens machen und die diese Überzeugungen bestätigen oder neue hervorbringen.

Vieles von dem, was Sie übernommen haben, und viele Schlüsse, die Sie aus Erfahrungen gezogen haben, sind gut und nützlich. Anderes aber engt die persönliche Weiterentwicklung ein und verhindert, dass wir neue Einsichten gewinnen können, die zu mehr Selbstvertrauen, Erfolg und Lebenszufriedenheit führen könnten – würden wir nur den Mut finden, uns darauf einzulassen. Sie können Ihre hinderlichen Überzeugungen verändern.

Übung 26: Überzeugungen hinterfragen

Betrachten Sie nun Ihre Überzeugungen, die Sie in Übung 25 niedergeschrieben haben, und unterstreichen Sie diejenigen, von denen Sie den Eindruck haben oder aus Erfahrung wissen, dass sie deutlich Auswirkungen auf Ihr Denken und Handeln haben. Wählen Sie nun eine dieser prägenden Überzeugungen aus und fragen Sie sich:

1. Ist sie eher förderlich für mich? Ist es gut, sie zu behalten?
2. Ist sie eher hinderlich für mich? Bewirkt sie, dass ich mich mies fühle, den Mut verliere oder mich anderen gegenüber auf eine Art verhalte, die ich später bedaure?
3. Ist dies eine Überzeugung, die nur für ganz bestimmte Situationen gut und sinnvoll ist – und kommt sie auch nur da zur Anwendung?

Gehen Sie auf diese Weise alle Überzeugungen durch, die Sie sich aufgeschrieben haben. Bei dieser Übung geht es nun nicht darum, spontan zu sein, sondern darum, tiefer über die eigene Sichtweise nachzudenken, vor allem darüber, welchen Zweck eine Überzeugung für Sie erfüllt. Hätte Sie nicht irgendeine nützliche Funktion, hätten Sie sie längst abgelegt. Überlegen Sie, was Ihre bisherigen Gründe waren, sie beizubehalten – und was vielleicht anders sein könnte, wenn es diese Überzeugung nicht gäbe. Dabei werden Sie vielleicht entdecken, dass einige der Überzeugungen völlig okay für Sie sind und Ihnen nützlich sind, andere wohl einmal einen wichtigen Zweck erfüllten, heute aber eher hinderlich sind, und es auch solche gibt, die Ihr innerer Bodyguard, wenn er sehr eifrig ist, als eine Art Schutzwall vor Ihnen aufbaut. Dazu würde zum Beispiel eine Überzeugung gehören wie »Wenn ich anderen vertraue … werde ich nur enttäuscht«. Das bedeutet, Sie haben sich als Reaktion auf diese Überzeugung, so wie Kerstin das getan hat, von anderen Menschen abgeschottet und vielleicht noch eine

Reihe loser Kontakte gepflegt, aber keine einzige Freundschaft.
Für Kerstin geht es nach dieser Erkenntnis nicht darum, nun das Gegenteil von dem zu machen, was sie bisher getan hat, also nun Menschen einfach blindlings zu vertrauen, sondern darum, differenzieren zu lernen. Zu erkennen, wer ihres Vertrauens würdig ist und wo sie wie bisher eher Vorsicht walten lassen sollte.
Wenn Sie sich nun diejenigen Ihrer Überzeugungen noch einmal anschauen, die Sie als eher hinderlich eingestuft haben, dann ist es der nächste Schritt, sie ganz bewusst infrage zu stellen – also ihnen den »universellen Gültigkeitscharakter« zu nehmen.

Übung 27: Überzeugungen relativieren und loslassen

Wählen Sie aus den als hinderlich eingestuften Überzeugungen eine aus und beginnen Sie damit, sie ganz bewusst infrage zu stellen. Beantworten Sie dazu bitte die folgenden Fragen und lassen Sie sich Zeit dabei.

- Warum glaube ich, dass dies »wahr« ist? Welche stichhaltigen Beweise gibt es dafür?
- Worauf gründen diese Beweise?
- Habe ich diese Überzeugung einfach übernommen oder ist sie ein Ergebnis eigener Erfahrungen?
- Spielen vielleicht auch bestimmte allgemeine Leitbilder und Vorstellungen eine Rolle, beispielsweise die Regeln im Elternhaus oder die in Schule und Ausbildung oder auch gesellschaftliche Einflüsse (Werbung, Medien, Politik und so weiter)?
- Wie oft habe ich tatsächlich selbst erlebt, dass es so ist, wie ich glaube? Gab es auch Ausnahmen?
- Gibt es Argumente dafür, dass es zwingend notwendig ist, immer so zu denken?
- Gibt es Situationen, wo dies nachteilig wäre? Welche könnten das sein?

Nun, nachdem Sie diese Überzeugung systematisch in Zweifel gezogen haben, überlegen Sie, ob Sie sie trotzdem weiterhin pflegen möchten oder ob Sie stattdessen andere viel lieber hätten. Im zweiten Fall formulieren Sie einen Satz, der Ihre neue, förderliche Einstellung ausdrückt.

In der nächsten Situation, in der Sie bisher automatisch entsprechend der alten, begrenzenden Überzeugung gehandelt hätten, beschließen Sie diese Mal so zu tun, als ob die neue, förderliche Überzeugung bereits in Ihnen verankert ist. Was würde eine Person mit dieser Überzeugung denken? Wie würde sie handeln? Und dann: Entscheiden Sie sich bewusst, ob Sie sich »neu« oder »alt« verhalten.

Wichtig ist, für die neue Überzeugung positive Referenzerfahrungen zu sammeln, um sich selbst der Gültigkeit der neuen Überzeugung zu versichern und die bisherige weiter relativieren zu können.
Für Kerstin heißt das, in solchen Situationen, in denen es zunächst einmal um wenig geht, Vertrauen zu zeigen. Sich zu verabreden und darauf zu vertrauen, dass der andere kommt oder Bescheid sagt, wenn er es nicht schafft. Darauf zu vertrauen, dass jemand die eigene Arbeit zu Ende führt. Einer näherstehenden Person etwas Persönliches anzuvertrauen. Kleine Gesten, die helfen, aus der bisherigen Einförmigkeit herauszukommen und die eigenen Denk- und Handlungsmöglichkeiten zu erweitern.

Unterstützung durch Symbole

Ein bestimmter Gegenstand, ein Wort, ein Song, ein Geruch, ein Geschmack, eine bestimmte Art Geste oder Berührung kann entsprechend der persönlichen Erfahrungen, die wir gemacht haben, für uns eine ganz besondere Bedeutung haben. Es wird dann zum Symbol für das Erlebte und besonders auch für die Gefühle, die damit verbunden sind.
Mittels der Symbolmeditation (vgl. S. 83) haben Sie schon einige Erfahrungen mit Symbolen und deren fokussierender Wirkung gemacht. Die Bedeutung des Symbols wird stets subjektiv empfunden. Nahezu alles kann zum Symbol werden, sobald es mit einem Bedeutungsgehalt aufgeladen wird. Betrachtet man das Zusammenwirken von Bedeutung und Gefühl, so gibt es keine zwei identischen »Übersetzungen« oder Interpretationen eines Symbols. Der Geruch von frisch geschnittenem Gras als Symbol für glückliche Kindheitstage, ein Foto, das einen weiten Blick über das Meer zeigt, als Symbol für Freiheit, so sieht es der eine. Für den anderen kann der Geruch frisch geschnittenen Grases ein Symbol für Abschied sein und das Meer ein Symbol für das Unberechenbare.
Bei der Auswahl eines Symbols für persönliche Veränderung – etwa da-

für, eine förderliche Überzeugung zu trainieren, ein neues Vorhaben anzugehen oder auch etwas Bestimmtes loszulassen – kommt es also immer auf Ihren persönlichen gefühlsmäßigen Bezug und die individuelle Bedeutung an, die dieses besondere Symbol für Sie hat.

Übung 28: Ein Symbol für Veränderung finden

Sich das Leben zurückerobern heißt zum einen, Abschied zu nehmen von dem, was gewesen ist, und zum anderen, die Fähigkeit, in der Gegenwart zu leben, zu stärken sowie durch kluge Entscheidungen die Weichen für eine gute Zukunft zu stellen.

Überlegen Sie, welches Symbol für diesen Prozess der Neuorientierung stehen könnte. Suchen Sie dafür in der Fantasie wieder Ihren Wohlfühlort auf (Übung S. 86) und seien Sie ganz offen für das, was Sie dort vielleicht finden. Ein Schmuckstück, ein Bild, ein Stein, vielleicht hören Sie einen Song, vielleicht ist es ein bestimmter Geruch, der in Ihre Nase steigt. Wichtig ist, es ruft eine positive emotionale Resonanz hervor, je stärker, desto besser.

Finden Sie dann eine Entsprechung dafür. Wenn es ein kleiner Gegenstand ist, besorgen Sie sich einen solchen Gegenstand und tragen Sie ihn bei sich. Wenn es eine Landschaft ist, suchen Sie ein Foto dieser Landschaft heraus und pinnen Sie es an die Wand, wo Sie es immer wieder betrachten können. Ist es Musik, dann laden Sie sich den Song auf Ihr Smartphone, sodass Sie ihn oft hören können.

Das Symbol erinnert Sie an das, was künftig mehr Raum in Ihrem Leben haben soll, ermutigt Sie zur Veränderung in diese Richtung.

Wichtig ist stets, dass das, was Sie sich ausgesucht haben, im Kontakt starke positive Gefühle hervorruft. Mario hat sich schwer damit getan, so etwas zu finden. »Ich konnte eigentlich auch am Wohlfühlort erst mal nur sehen, dass ich alleine bin. Und das bin ich ja ohnehin. Dann schlich sich immer Linda ins Bild. Es hat lange gedauert, bis ich Linda an dem Wohlfühlort verabschieden konnte. In meiner Fantasie steht sie jetzt aber in ziemlicher Entfernung auf einem Hügel und winkt mir freundlich zu. Wenn ich mich umwende, bin ich alleine, das Bild hat sich nicht weiter geändert. Trotzdem ist plötzlich ein Symbol aufgetaucht: Babyschuhe. Erst mal wollte ich das gleich wieder wegschieben. Babyschuhe! Was habe ich denn mit Babys zu tun? Doch dann wusste ich es: Sie sind ein Symbol für mein Hineintappen in die Welt. Ich trage jetzt tatsächlich ein Paar Babyschuhe in der Tasche herum und sie vermitteln mir Zuversicht.«

Kerstins Symbol ist ein Herz. »Das fand ich an meinem Wohlfühlort in den Zweigen eines Strauches. Ein Herz aus rotem, glänzendem Metall, so groß wie ein Vogelei. Und ich habe tatsächlich in einem Geschenkeladen eine Postkarte mit genau so einem Herz darauf gefunden. Die Karte hängt jetzt bei mir über dem Schreibtisch.« Pamelas Symbol ist ein Song: »The Rising«. »Das reißt mich mit«, sagt sie. »Gibt mir total viel Schwung. Ich höre den Song jeden Morgen, wenn ich in den Tag starte.«

Die Zukunft bildlich gestalten

Wenn wir Veränderungen in Angriff nehmen, können wir nicht voraussehen, welche möglichen Durststrecken, Hindernisse oder Rückschritte es auf unserem Weg unter Umständen geben wird. Wahrscheinlich aber werden wir es auf unserem Weg nicht nur mit Erfolgserlebnissen zu tun haben, sondern auch mit Schwierigkeiten und Unwägbarkeiten. Wir werden vermutlich damit umgehen müssen, dass unsere Motivation auch mal hart auf die Probe gestellt wird und die Gefahr besteht, dass wir entmutigt den Kopf hängen lassen und in Selbstzweifel verfallen.

Eine selbst gestaltete Ziel-Collage unterstützt uns nicht nur dabei, das, was sich verändern soll, weiter zu klären und es uns noch konkreter und lebendiger vorzustellen, sondern auch dem, was wir uns für uns selbst wünschen, eine Form zu geben.

Während es bei der Übung auf Seite 55f. im Kapitel »Dem inneren Geschehen Ausdruck geben« darum geht, bedrängende Gedanken und Gefühle bildlich auszudrücken, ist die Ziel-Collage dazu da, zu verbildlichen, wie wir uns die Zukunft vorstellen – also das Ergebnis des Weges, den wir nun neu eingeschlagen haben, in unserer Fantasie vorwegzunehmen. Unsere Fähigkeit, in Bildern zu denken, können wir gut dazu nutzen, die Ziel-Collage als ein wirksames Instrument dazu einzusetzen, unseren Zielen näherzukommen. Ein Blick darauf kann uns stärken, uns an das, was wir anstreben, zu erinnern, und uns ermutigen, auf Kurs zu bleiben.

Übung 29: Collage der Zukunftsvision

Nehmen Sie sich etwa eine Stunde Zeit und sorgen Sie wieder dafür, ungestört zu sein.

- Legen Sie wie bei der Übung 9 alle Materialien griffbereit zurecht, die Sie für Ihre Collage brauchen werden: Schere und Klebstoff, Zeitschriften, Fotos, Broschüren, einen weißen oder farbigen Karton zum Aufkleben und so weiter. Suchen Sie auch einen passenden Bilderrahmen aus, bevor Sie mit der Collage beginnen.
- Sehen Sie die Materialien durch und halten Sie dabei intuitiv nach Motiven Ausschau, die wichtige Aspekte Ihrer Zukunftsvision zum Ausdruck bringen: Illustrationen, Wörter, eigene kurze Texte, eigene Bilder, bestimmte Farben und Formen.
- Wenn Sie für alle wichtigen Aspekte Motive ausgeschnitten haben, dann beginnen Sie damit, die Collage zusammenzustellen, indem Sie einzelne Motive auf dem Karton einander zuordnen. Probieren Sie verschiedene Konstellationen aus und schieben Sie die Motive so lange hin und her, bis Sie mit dem Arrangement zufrieden sind.
- Dann erst kleben Sie die Motive auf dem Karton fest.
- Umgeben Sie die fertige Collage mit dem bereitgelegten Rahmen und wählen Sie einen Platz in Ihren Räumen, an dem Sie häufig vorbeikommen oder den sie häufig im Blickfeld haben, sodass Sie immer wieder daran erinnert werden: So soll es werden! Da will ich hin!

Ein solche Visualisierung Ihrer Veränderungsidee entfaltet seine Wirksamkeit auf der bewussten Ebene des Denkens und Reflektierens ebenso wie auf der unbewussten Ebene. Wenn wir es mit Wertschätzung und Hingabe gestalten und die Materialien sorgfältig auswählen, ist auch das eine Botschaft an das Unbewusste: Es ist uns ernst mit unserem Veränderungswunsch.

Mario wirkt sehr locker, als er von seiner Collage berichtet: »Das ging ganz wie von selbst. Eine Heidelandschaft, ein Haus auf einem Hügel, blühender Lavendel, ein Zick-Zack-Weg aus der Ferne kommend. Die Worte: ›JA!‹, ›fort‹ und ›Weite‹. Und: ein Foto von den Babyschuhen. Ich habe es mit Folie überzogen und im Bad aufgehängt. So kann ich es jeden Morgen sehen, bevor ich unter die Dusche gehe.«

6. Impuls: Vertrauen neu lernen

Was macht Menschen glücklich? Schließen wir uns der Mehrheit jener Wissenschaftler an, die sich mit dieser Frage beschäftigt haben, so lautet die Antwort: vor allem andere Menschen, insbesondere Freunde und Familienmitglieder. Dies zeigt auch das »World Book of Happiness«, ein Kompendium, in dem mehr als 100 Glücksforscher aus etwa 50 Ländern die Erkenntnisse ihrer Forschungen zusammengetragen haben.
Also: Was genau bedeuten uns andere Menschen? Partner, Familie, Kinder, Freundinnen und Freunde?
Wenn es stimmt, was sowohl Familien- als auch Hirn- und Wirtschaftswissenschaftler herausgefunden haben, sind gute zwischenmenschliche Beziehungen das, was die meisten als das wertvollste in ihrem Leben empfinden, wertvoller als Macht oder Besitz. Freundschaften lassen sich nicht in Geld aufwiegen, und wie Forschungsergebnisse ergaben, stärken sie die Gesundheit und lassen uns langsamer altern. Ähnliches gilt für ein harmonisches Familienleben.

Wer tut Ihnen gut – und wer nicht?

Menschen, die schmerzliche Erfahrungen damit gemacht haben, verlassen zu werden, Menschen, die Ausgrenzung erleben mussten, und Menschen, zu deren dominierenden Erfahrungen es gehört, immer wieder an den Ansprüchen anderer zu scheitern, tun sich schwer damit, Zutrauen zu fassen. Sie neigen dazu, das, was ihnen zugestoßen ist, zu verallgemeinern und sich vor neuem Schmerz zu schützen, indem sie ganz generell Distanz wahren. Doch damit berauben sie sich gleichzeitig der Chance, neue, positive Erfahrungen mit anderen Menschen zu machen und Beziehungen aufbauen zu können, die von gemeinsamem Erleben und gegenseitigem Vertrauen geprägt sind. Menschen, mit denen wir Probleme und Träume, geheime Wünsche, Freude und Kummer teilen können. Bei denen wir ganz wir selbst sein können und keine Angst zu haben brauchen, dass der andere uns deswegen ablehnt oder verachtet. Gerade jemand, der oder die enttäuscht worden ist oder drastische negative Erfahrungen mit anderen gemacht hat, tut gut daran, genau hinzuschauen und zu differenzieren, statt alle Menschen über einen Kamm zu scheren nach dem Motto: Ich lasse mich auf niemanden mehr ein, dann kann ich auch nicht enttäuscht werden, nicht ausgenutzt, nicht verlassen werden und so weiter. Natürlich gibt es aber stets auch etliche Menschen, die nicht auf unserer Wellenlänge liegen oder die uns, aus welchem Grunde auch immer, nicht sympathisch sind oder als wenig vertrauenswürdig erscheinen. Genauso verkehrt wie der pauschale Verzicht auf Vertrauen zu anderen ist es daher, ins Gegenteil zu verfallen und sich nun ein ganz generelles Vertrauen zu »verordnen«. Wir könnten dann beispielsweise unbedacht einer Plaudertasche Persönliches anvertrauen oder unsere Zukunftsperspektiven von einem Miesmacher kleinreden lassen. Das wäre dann doch nur wieder Futter für die Bestätigung der bisherigen Überzeugungen: »Hab ich's doch gewusst, dass das nur schief gehen kann.«

Wenn Sie also tatsächlich nach Enttäuschungen, Fehlschlägen, einer Trennung oder einem Verlust wieder Vertrauen in andere Menschen fassen wollen, dann lassen Sie sich Zeit dabei, in Ihrer Umgebung auszuloten, wer vertrauenswürdig ist und zu wem Sie sich hingezogen fühlen.

Übung 30: Herausfinden, wer Ihnen guttut

Nehmen Sie sich wieder etwa 20 Minuten Zeit und sorgen Sie dafür, ungestört zu sein. Nehmen Sie Papier und Stift zur Hand oder legen Sie im Computer eine neue Datei an. Denken Sie an die Menschen, mit denen Sie am meisten zu tun haben, und auch an jene, mit denen Sie häufiger oder nur hin und wieder zu tun haben, und stellen Sie sich die nachfolgenden Fragen:

- Wen finde ich sympathisch? Zu wem fühle ich mich hingezogen? Wem fühle ich mich nah?
- Von wem habe ich den Eindruck, dass er oder sie mich gerne mag?
- Wer kann gut zuhören?
- Wer spricht gut über andere?
- Von wem weiß ich, dass er verschwiegen ist?
- Wer hat eine optimistische Lebenseinstellung?
- Mit wem teile ich bestimmte Erfahrungen, Erlebnisse oder Überzeugungen?
- Von wem weiß ich, dass er oder sie im Leben schon Leid erfahren und dies bewältigt hat?

Schreiben Sie die Namen von all denjenigen auf, die Ihnen bei den oben gelisteten Fragen in den Sinn kommen. Je öfter Sie eine Person genannt haben, desto größer ist die Wahrscheinlichkeit, dass es ein »passender« Kontakt ist.

Für diese Übung ist es nicht notwendig, dass jede dieser Qualitäten und Eigenschaften zu 100 Prozent von den jeweiligen Personen erfüllt ist, sondern es genügt, wenn die meisten davon gegeben sind. Wahrscheinlich treffen etliche der genannten Kriterien auf Menschen in Ihrem Umfeld zu. Überlegen Sie sich, mit wem Sie häufiger zusammen sein möchten, und scheuen Sie sich keinesfalls, den Kontakt zu all denjenigen, von denen Sie sich verstanden fühlen, zu intensivieren.

Bleibende Freundschaften schließen

Wer Freundschaften pflegt, lebt länger, ist seelisch ausgeglichener und glücklicher. Eine Freundschaft ist jedoch, einmal geschlossen, nicht ganz von selbst für immer da. Wenn sie halten soll, will sie gepflegt und immer wieder neu belebt werden. Das erfordert Zeit und Engagement. Wer sich wenig um gute persönliche Beziehungen zu anderen bemüht, steht, wenn er einmal in die Lage kommt, einen Freund oder eine Freundin dringend nötig zu haben, oft alleine da.

Freundschaften schaffen Vertrautheit. Sie sind geprägt vom Bedürfnis danach, Zeit miteinander zu verbringen, zu reden und etwas zusammen zu unternehmen.

In Bezug auf vertraute Beziehungen haben Forscher mehrere »Wirkfaktoren« ausfindig gemacht. Beispielsweise lindert die Gegenwart einer vertrauten Person Stress und stiftet ein Gefühl von Sinn. Auch treffen wir bessere Entscheidungen mit jemandem an unserer Seite, der oder die mitdenkt und mitfühlt. Probleme wälzen, Träume und geheime Wünsche aussprechen, Schwächen offenbaren – das geht nur mit Menschen, denen wir vertrauen und die uns in Liebe, Wertschätzung und Freundschaft verbunden sind.

Auch belegen psychologische Studien vielfach, dass wir problematische Geschehnisse besser bewältigen, wenn wir in einen Kreis wohlmeinender Menschen integriert sind, wo es ohne viele Umstände möglich ist, sich über persönliche Dinge auszutauschen. Menschen, die keine vertrauten Personen zu Rate ziehen und alles mit sich selbst ausmachen wollen, sind unglücklicher und erwerben auch weniger wirksame Bewältigungsstrategien. Was nicht verwunderlich ist, denn die Erfahrung anderer kann uns jenseits unserer eigenen Erfahrungen sehr bereichern und inspirieren, Lösungswege auszuprobieren, die uns selbst nicht in den Sinn gekommen wären.

Die fünf Voraussetzungen für gute Freundschaften

Damit eine Freundschaft gelingen kann, sind nach Ansicht von Forschern insbesondere fünf Voraussetzungen wichtig:

1. Sehen und Gesehenwerden,
2. Resonanz im Fühlen,
3. die gemeinsame Aufmerksamkeit gegenüber einem Geschehen oder einer Sache,
4. gemeinsames Handeln und
5. das wechselseitige Verstehen und die Nachvollziehbarkeit von Motiven und Absichten.

Wohl jeder will gerne für sein Gegenüber etwas Besonderes sein, will im Zentrum von dessen Aufmerksamkeit stehen und als Person wahrgenommen werden. Dies gilt insbesondere für die Beziehung zu nahestehenden Menschen. Wenn das Bedürfnis, beachtet zu werden, erfüllt wird, so bestätigt uns das in unserer Individualität: So wie wir sind, werden wir gemocht und geschätzt. Dies wiederum stärkt das Selbstvertrauen und gibt uns das Gefühl, einen Platz in der Gemeinschaft zu haben und einen Nutzen für andere.

Wir wollen gesehen werden, gemeint sein, das Gefühl haben, es geht um uns.

Hauptverantwortlich für das Ende einer Freundschaft ist vielen Befragungen zufolge die fehlende Bereitschaft, sich Zeit füreinander zu nehmen und Aufmerksamkeit zu schenken. Nichtbeachtung torpediert demzufolge jegliche zwischenmenschliche Beziehung schnell und nachhaltig – und dies wird häufig auch zum Ausgangspunkt für aggressive Impulse.

Wer sich nicht zeigt, sondern sich im Hintergrund hält – etwa aus Schüchternheit und Unsicherheit heraus –, wird meist tatsächlich nicht wahrgenommen, wird übergangen und hinterlässt keine Resonanz in anderen. Daher gehört zum Gesehen-Werden auch die innere Bereitschaft, sich zu zeigen, offen zu sein und zu sich selbst und der eigenen Individualität zu stehen.

Gute Beziehungen zeichnen sich auch durch wechselseitige emotionale Resonanz aus, also das Sich-Einschwingen auf die Stimmung und die Gefühle des Gegenübers. Dies ist ebenso wenig eine Fertigkeit, die wir ohne Weiteres willentlich erzeugen können, wie die Fähigkeit, andere mit der eigenen Stimmung anstecken zu können. Was uns dabei hilft, Nähe zu spüren und zu vermitteln, ist Achtsamkeit. Je besser wir es gelernt haben, mit unserem Denken und Fühlen im Hier und Jetzt zu sein, desto leichter wird es uns auch fallen, in emotionaler Resonanz zu sein.

Ein starkes verbindendes Element ist die gemeinsame Aufmerksamkeit, die sich auf ein Geschehen, eine Sache oder einen Gegenstand richtet. Denken Sie an gemeinsame Konzertbesuche oder ein Fußballspiel, an Ausflüge ins Grüne oder einen Einkaufsbummel und daran, wie viel Spaß es macht, sich über das, was man sieht und hört, auszutauschen. Sich dem zuzuwenden, was die Freundin, der Sohn, die Kollegin spannend findet, das verbindet – ebenso wie echtes Interesse unseres Gegenübers an den Dingen, die uns selbst interessieren. Dann fühlen wir uns gesehen und verstanden, und dem anderen geht es umgekehrt ganz genauso.

Diese Verbundenheit erleben wir noch intensiver beim gemeinsamen Handeln. Etwas zusammen zu unternehmen integriert mühelos all die anderen Aspekte, die für eine Beziehung wichtig sind: das Sehen und Gesehenwerden, die Resonanz im Fühlen und die gemeinsame Aufmerksamkeit – sei es beim gemeinsamen Vorbereiten einer Feier, dem gemeinsamen demonstrieren für ein Ziel, bei einem Mannschaftspiel oder beim Garten, den man zusammen anlegt. Dies schafft darüber hinaus auch eine wichtige Voraussetzung für das wechselseitige Verstehen und Nachvollziehenkönnen von Motiven und Absichten, wobei Verstehen immer wieder neues Einfühlen und Reflektieren erforderlich macht. Wenn wir dazu nicht bereit sind, ist echte Nähe nicht möglich. Um unser Gegenüber zu verstehen, sind zum einen Achtsamkeit und eine gute Beobachtungsgabe wichtig, zum anderen auch die Bereitschaft, zuzuhören und uns auf die Gedankenwelt des anderen einzulassen.

»Mit anderen etwas zu unternehmen erlebte ich anfangs als sehr anstrengend«, sagt Kerstin. »Ich war durch die Jahre daran gewöhnt, alles alleine zu machen, sei es, in eine Ausstellung zu gehen, ins Café, ins Kino, oder eine Wanderung zu machen. Ich bin immer sofort in Hab-Acht-Stellung gegangen, wenn ich was mit anderen zu tun hatte. Und von wegen Resonanz. Ich war viel zu stark mit mir selbst beschäftigt, um überhaupt ein Auge für jemand anderes zu haben. Inzwischen ist das viel besser geworden. Ich kann zusammen mit anderen auch lachen und lockerlassen und beziehe nicht mehr jede schräge Bemerkung auf mich. Wenn ich zurückschaue, kann ich sagen, dass ich anderen oft Motive und Absichten unterstellt habe, die eben auf meinen typischen Erfahrungen als Kind und als Jugendliche beruht haben. Das sollte mich vor weiteren üblen Erlebnissen schützen, aber ich hatte mir damit auch ein Gefängnis gebaut. – Und jetzt habe ich endlich begriffen, dass es Wege raus aus diesem Gefängnis gibt. Es ist, als würde ich eine neue Sprache lernen.«

Für Pamela bestand die hauptsächliche Schwierigkeit im Gesehenwerden. »Ich halte mich gerne im Hintergrund, da fühle ich mich sicher. Über mich selbst zu reden oder mich in irgendeiner Weise angreifbar zu machen, das war mir so ein Gräuel und ich habe meist lieber den Mund gehalten. Inzwischen klappt es etwas besser, mich einzubringen, und ich ertrage es leichter, mit einer Einschätzung auch mal falsch zu liegen. Das Glück liegt nicht darin, unfehlbar zu sein und alles richtig zu machen. Eigentlich eine Binsenweisheit, trotzdem war ich unterschwellig stark von dieser Überzeugung gesteuert. Jetzt, wo ich unbefangener werde, entdecke ich auch immer mehr, wie befreiend es sein kann, auch mal mit anderen darüber zu lachen, wenn mir ein Fehler passiert ist, und nicht wie bisher gleich in Scham und Schuldgefühlen zu versinken.«

Übung 31: Menschen, die Ihnen viel bedeuten

Nehmen Sie sich wieder etwa 20 Minuten Zeit und sorgen Sie dafür, ungestört zu sein. Legen Sie Papier und Stift bereit oder legen Sie im Computer eine neue Datei an. Es geht darum, sich über wichtige Menschen in Ihrem Leben Gedanken zu machen, Menschen, die ganz aktuell in Ihrem Leben eine Rolle spielen, denn: Die Menschen, mit denen wir uns umgeben, haben einen bedeutenden Einfluss auf uns.

Lassen Sie Ihre Freundschaften und engeren Beziehungen Revue passieren und wählen Sie dann fünf dieser für Sie bedeutungsvollen Menschen aus und fragen Sie sich bei jedem von ihnen:

- In welcher Beziehung standen beziehungsweise stehen Sie zu diesem Menschen?
- Was war beziehungsweise was ist für Sie das Besondere an diesem Menschen?
- Wie stark werden die fünf Voraussetzungen für eine gute Freundschaft jeweils erfüllt? Denken Sie nach und stufen Sie jede einzelne der Beziehungen intuitiv ein auf einer Skala von 1 (= gar nicht erfüllt) bis 10 (= voll erfüllt):
  - Sehen und Gesehenwerden
  - Resonanz im Fühlen
  - Gemeinsame Aufmerksamkeit
  - Gemeinsames Handeln
  - Wechselseitige Verstehen und Nachvollziehbarkeit von Motiven und Absichten

Fragen Sie sich:

- Welche Ihrer Freundschaften und engeren Beziehungen würden Sie gerne mit mehr Achtsamkeit pflegen? Welche eher etwas mehr in den Hintergrund treten lassen?
- Was können Sie selbst dafür tun, die Beziehungen, an denen Ihnen liegt, intensiver und beglückender zu gestalten?

Machen Sie diesen Beziehungscheck von Zeit zu Zeit neu. Haben Sie dabei sowohl ein Auge darauf, von wem die obigen Bedürfnisse erfüllt werden, als auch darauf, wie Sie selbst dafür sorgen, den Bedürfnissen Ihres Gegenübers gerecht zu werden.

Geben und Nehmen

Freundschaften bedürfen der Zuwendung und Pflege, also der Aufmerksamkeit von beiden Beteiligten. Was im Grunde für jede Art Beziehung wichtig ist, gilt insbesondere für Freundschaften: Sie sind immer»Zweibahnstraßen« und leben von einem ausgewogenen wechselseitigen Geben und Nehmen. Dabei geht es aber nicht um Nutzen-Denken im Sinne von Investition und Rendite. Vielmehr ist es ein spontanes Geben und Nehmen, das darauf baut, gerne für den Freund oder die Freundin da zu sein und jederzeit frohen Herzens zu geben und zu teilen. Im Idealfall ist es ein harmonisches Zusammenspiel von Hilfe geben und Hilfe nehmen, von Zuneigung geben und Zuneigung nehmen, eine großherzige Achtsamkeit füreinander. Freundschaft meint auch, zu aller Zeit bereit zu sein, sich immer wieder neu miteinander zu beschäftigen, sich auszutauschen und auseinanderzusetzen und einander wirklich niemals als selbstverständlich zu betrachten.

7. Impuls: Die Lebenszufriedenheit stärken

Die vorangegangenen sechs Impulse haben Ihnen gezeigt, was hilfreich dafür sein kann, alte Denkpfade und das stete Nachgrübeln über Gewesenes zu verlassen und stattdessen neue Erfahrungen zu machen, die Freude und Lebenslust fördern. Die Schlüsselqualität dabei ist das Üben der Achtsamkeit, denn dadurch können Sie Ihre Aufmerksamkeit immer wieder ins Hier und Jetzt zurückholen und Ihre Erlebensfähigkeit stärken. Sie haben verschiedene Formen kennengelernt, wie Sie innerem Geschehen Ausdruck verleihen können. Dies entlastet und erleichtert es, Schmerzliches und Belastendes loszulassen. Sie haben hier auch Methoden kennengelernt, die Ihnen helfen, zur Ruhe zu kommen und sich mit der eigenen Geschichte zu versöhnen.

Voll und ganz zu akzeptieren, dass es sich so ereignet hat, wie es sich eben ereignet hat, fällt besonders dann sehr schwer, wenn wir Opfer von Ungerechtigkeit, Häme oder Gewalt geworden sind und dies gravierende negative Folgen für unsere Entwicklung gehabt hat. Aber auch eigene Schuld an einem Geschehen – wenn wir beispielsweise eine Entscheidung getroffen haben, die schädliche Auswirkungen auf andere Menschen hatte – wiegt schwer, wenn es darum geht, inneren Frieden zu finden. Ich möchte Sie ausdrücklich dazu ermutigen, sich um Versöhnung zu bemühen, auch wenn es vielleicht nicht auf Anhieb klappt. Versöhnung mit der eigenen Geschichte befreit und vertieft die Selbstakzeptanz. Und ich möchte auch noch einmal betonen, dass es nicht darum geht, die Schuld von jemand anders zu relativieren oder gar zu banalisieren, es geht einzig und allein darum, dass Sie sich selbst Ihr Leben und Ihre Lebensfreude zurückerobern. Dazu gehört es dann auch, statt alter, rückwärtsgewandter und von Angst geprägter Denk- und Verhaltensmuster neue Überzeugungen

zu entwickeln, die Sie offener, glücklicher und lebenszugewandter werden lassen und Ihnen dabei helfen, wieder Vertrauen zu fassen in Ihre eigenen Stärken, in das Leben und in andere Menschen.
Reflexion, Erkenntnis, Neues auszuprobieren ist äußerst wichtig, um einen Umorientierungsprozess in die Wege zu leiten, doch alles steht und fällt mit Ihrer Tatkraft und Ihrer Ausdauer.

Schritt für Schritt die Dinge zum Guten wenden

Die geringe Halbwertszeit von Neujahrsvorsätzen ist schon oft thematisiert worden, und vielleicht haben Sie damit auch eigene Erfahrungen gemacht. Von jetzt auf gleich soll einfach alles anders werden ... Das funktioniert in den allerseltensten Fällen. Besser ist es, in der Art eines Selbstcoachingprozesses schrittweise vorzugehen.

Übung 32: Der Veränderungsplan

Nehmen Sie sich eine halbe Stunde Zeit und sorgen Sie dafür, ungestört zu sein. Blättern Sie noch einmal in Ihren Aufzeichnungen zu den Übungen in diesem Buch und stellen Sie sich die nachfolgenden Fragen dazu.

- Was genau soll anders werden?
- Was möchte ich dauerhaft verändern?
- Wie kann ich dafür sorgen, Achtsamkeit zu üben?
- Was kann meine spezielle Form sein, meinen Gefühlen meinem inneren Geschehen Ausdruck zu verleihen?
- Wie stelle ich sicher, im Alltag regelmäßig Phasen der Ruhe und Entspannung zu erleben?
- Was hilft mir dabei, mich mit meiner persönlichen Geschichte zu versöhnen und Frieden mit dem Gestern zu schließen?
- Welche alten Überzeugungen möchte ich verabschieden und welche neuen Überzeugungen möchte ich stattdessen erwerben?
- Was ist hilfreich dafür, den Kontakt zu zugewandten und vertrauenswürdigen Menschen in meiner Umgebung zu vertiefen?

Lassen Sie sich Zeit, sich darüber klar zu werden, was künftig anders sein soll, als es bisher war. Die Fragen sind Anregungen, sich Gedanken um Ihre speziellen Ansatzpunkte für Veränderungen zu machen – und dann zu entscheiden, welche Punkte für Sie zunächst im Vordergrund stehen. Die weiteren Ansatzpunkte sind deswegen nicht verloren, sondern können zu einem späteren Zeitpunkt in den Vordergrund rücken.

Kerstin hat sich vorgenommen, sich den »Impuls-Stopp« zur Gewohnheit zu machen, und hat sich zudem Malkarton, verschiedene Pinsel und Acrylfarben gekauft, um sich mindestens einmal pro Woche ausgiebig dem Ausdrucksmalen zu widmen. »Und ich würde gerne weiter mit der Vorstellung vom ›Inneren Kind‹ arbeiten, will das aber nicht alleine tun, weil mich dies so stark bewegt. Da suche ich jetzt Möglichkeiten, mich dabei sachkundig begleiten zu lassen.«

Mario hat einen weitreichenden Entschluss getroffen: Er verkauft das Haus, das ihn immer wieder an die gemeinsame Zeit mit Linda erinnert und ihm leer und öde vorkommt. Er will in eine helle und freundliche Wohnung ziehen. »Wenn das bewältigt ist, will ich wieder Kontakt zu Freunden aus meiner alten Clique aufnehmen, kann mir aber auch vorstellen, neue Leute kennenzulernen. Außerdem experimentiere ich schon die ganze Zeit weiter mit Collagen, das gefällt mir, und das werde ich auch weitermachen.«

Pamela hat sich die Übungen »Ich bin« und »Ganz dabei sein« zu eigen gemacht und widmet sich ihnen mehrmals am Tag. »Damit bin ich erst einmal voll beschäftigt. Aber beides hilft mir ungemein, mit den Selbstzweifeln und Grübeleien umzugehen, die sich immer wieder einschleichen. Es ist schon besser geworden, ich grüble längst nicht mehr so viel rum, aber ich glaube, da brauche ich noch viel Geduld, bis ich es mal wirklich verlernt habe. Und ich will auf jeden Fall das Automatische Schreiben beibehalten und noch mehr kreative Schreibmethoden erproben. Das liegt mir. Ich überlege, mal an einer Schreibgruppe teilzunehmen.«

Alle drei wissen ziemlich konkret, was sie verändern wollen, und sie haben sich nicht zu viel auf einmal vorgenommen. Die Vorhaben sind durchaus anspruchsvoll – für jemanden, der Kritik bisher so scheute wie Pamela, ist es ein gewaltiger Schritt, die Teilnahme an einer Schreibgruppe zu erwägen. Schließlich werden da auch Texte vorgelesen, was bedeutet, dass Pamela aufgefordert sein wird, sich zu zeigen – was sie bisher ja tunlichst vermieden hat.

Auch Marios Schritt, das Haus zu verkaufen, ist überaus mutig. Er hat klar erkannt, dass er sich in einer Umgebung, in der ihn so vieles an das Gewesene erinnert, wesentlich schwerer tun wird mit Veränderungen, als wenn er loslässt und sich eine neue, förderliche Umgebung schafft.

Auch Kerstin zeigt Mut, indem sie sich entschieden hat, ganz bewusst einen inneren Versöhnungsprozess anzubahnen. Und dass sie dabei therapeutische Unterstützung in Anspruch nehmen will, mindert ihren Mut nicht, ganz im Gegenteil: Es zeugt von einer guten Selbstsorge, sich nicht zu viel zuzumuten.

Es gehört gerade für sie noch mal eine Extra-Portion Mut dazu, mit einem Anliegen auf jemand zuzugehen und bereit zu sein, ein Vertrauensverhältnis aufzubauen.

Übung 33: Ihre Vorhaben umsetzen

Nehmen Sie sich eine halbe Stunde Zeit und sorgen Sie dafür, ungestört zu sein.

Wenn Sie die drei oder vier Punkte aus der Übung 32, die für Sie im Vordergrund stehen, noch einmal betrachten, checken Sie auf einer Skala von 1 bis 10 kurz und ganz intuitiv, wie ernst es Ihnen mit der Umsetzung ist (1 = naja, könnte man mal machen, 10 = das will ich unbedingt!).

Nun? Was sich unterhalb von »6« befindet, stellen Sie beiseite, denn für die Umsetzung eines Veränderungsvorhabens in die Praxis brauchen Sie einen langen Atem. Alte Muster, Überzeugungen und Angewohnheiten sind zählebig, und Sie brauchen viel Energie, um sie loszulassen und um neue Denk- und Verhaltensweisen zu etablieren.

Notieren Sie für jedes Ihrer Veränderungsvorhaben möglichst konkret:

- Was genau künftig anders sein soll. Hier ist es sehr hilfreich, eine entsprechende Szene zu visualisieren, die Zukunft praktisch im Geiste vorwegzunehmen.
- Was genau Sie in die Wege leiten wollen, um zu diesem Ergebnis zu kommen. Was ist zu tun, was ist zu lassen? Welche Schritte sind sinnvoll? In welcher Reihenfolge?
- Wann Sie starten wollen.
- Wie viel Zeit Sie sich für die einzelnen Schritte geben wollen. Vorsicht! Hier nicht zu ehrgeizig sein, sondern lieber die einzelnen Schritte klein wählen, sodass die einzelnen Etappen gut zu erreichen sind. Das motiviert und stärkt die Zuversicht.
- Wer und was alles Sie bei Ihrem Vorhaben unterstützen kann. Brauchen Sie noch Informationen? Wo erhalten Sie sie? Wer hat vielleicht schon ähnliche Veränderungen auf den Weg gebracht? Von welchem Wissen und welchen Erfahrungen können Sie profitieren?

Wenn Sie sich über diese Punkte klar geworden sind, wissen Sie, wo Sie hinwollen, und haben einen Kompass für den eigenen Weg in der Hand, der Ihnen hilft, auf Kurs zu bleiben. Dieser Kompass findet seinen Ausdruck im

Erarbeiten eines individuellen »Trainingsplans«. Bedenken Sie dabei, dass es Zeit braucht, alte Bahnen im Denken und Fühlen zu verlassen und sich im Neuland einzurichten und heimisch zu fühlen. Es geht nicht einfach so auf Knopfdruck.

Um den Trainingsplan umzusetzen, brauchen Sie Geduld und Ausdauer. Damit Ihnen beim neu eingeschlagenen Weg Mut und Motivation erhalten bleiben, ist es wichtig, sich zu überlegen, wie Sie sich für das Erreichen einzelner Etappen auf dem Weg zu Ihrem Ziel selbst Anerkennung und Wertschätzung zeigen können.

Was Sie bei der Stange hält

Einen langen Atem haben macht es wahrscheinlich, ein anvisiertes Ziel auch tatsächlich zu erreichen. Meist folgt beim Anstreben eines Ziels eine Phase der Ernüchterung, dies umso mehr, wenn wir den Eindruck haben, dass wir in unserem Bemühen kaum von der Stelle kommen, weil sich immer neue Hürden auftun oder die alten Gewohnheiten sehr zählebig sind. Es ist nicht einfach, trotz aller möglichen Hindernisse und Rückschläge weiterzugehen und zu Ende zu bringen, was wir angefangen haben.

Sich bewusst auch an kleinen Erfolgen zu erfreuen und sich dafür zu belohnen ist einer der Faktoren, die helfen, weiterzumachen, wenn andere schon aufgeben. Doch es gibt noch weitere.

Mario schwört auf Visualisieren: »Immer im Kontakt mit meinen Zielen bleiben, indem ich das, was ich verändern will, in meiner Vorstellung lebendig vor mir sehe, sie auch mittels Symbolen und Collagen sichtbar mache und mich dann täglich davon inspirieren lasse.«

Pamelas hauptsächlicher Hebel ist eine Tun- und Lassen-Liste: »Links steht, was ich lassen will, und rechts das, was ich tun will. Sehr simpel. Aber für mich sehr wirksam. Und ich bin nie wieder böse mit mir, wenn ich etwas nicht geschafft habe. Ich glaube, das ist das Wesentlichste, was ich gelernt habe. Diese überkritische, miesepetrige Haltung mir selbst gegenüber loszulassen und stattdessen freundlich und unterstützend zu sein. Darauf bin ich stolz. Ich hätte nie gedacht, dass das geht. Während ich mich früher gnadenlos angetrieben habe, wenn ich mit einem Vorhaben nicht weiterkam, und dann oft erst recht auf der Strecke blieb, nehme ich es mir heute nicht mehr übel, wenn es mal nicht so schnell weitergeht, wie ich es anvisiert hatte. Ich bin jetzt geduldig mit mir. Und das ist etwas, was ich jetzt schon gut kann und was mich beim Erreichen meiner Ziele unterstützt.«

Für Kerstin ist es am allerwichtigsten, immer mit ihren Motiven für das Erreichen ihrer Ziele in Kontakt zu bleiben. Sie vergegenwärtigt sich jeden Tag, welche Vorteile es für sie hat, das, was sie erreichen möchte, auch tatsächlich umzusetzen. Das Herz, das sie an ihrem Wohlfühlort gefunden hat, ist für sie ein starker Anker, der sie dabei unterstützt, bei der Stange zu bleiben. »Normalerweise muss ich immer wissen, warum und wozu ich etwas tue – das Herz wirkt völlig anders. Ich schaue es an und auf einer intuitiven Ebene ist klar, dass dies mein Weg ist: mir mein Leben zurückerobern. mit den Stärken, die ich habe und mit der Unterstützung, die ich mir suche.«

Sich selbst konstruktiv begleiten

Wie wir innerlich mit uns selbst sprechen, bestimmt unser Denken und Fühlen. Oft laufen innere Dialoge unbewusst ab, manches davon, was wir in bestimmten Situationen zu uns selbst sagen, ist uns aber auch deutlich bewusst. Dabei spielen die Überzeugungen, die wir über uns selbst und die Welt haben, eine große Rolle. Innere Dialoge beeinflussen unsere Stimmung, unsere Gefühle, unser Befinden und unser Verhalten. Die Art und Weise, wie wir mit uns reden, bestimmt mit, ob wir mutig und zuversichtlich oder eher zweiflerisch und verzagt an Vorhaben herangehen. Wenn wir uns einreden, zu alt, zu dumm, zu festgefahren oder zu unbegabt zu sein, dann verhalten wir uns entsprechend dieser Überzeugung, gleichgültig, wie flexibel, talentiert und fähig wir auch sein mögen.

Wie Studien zeigen, kann häufige Selbstentmutigung Depressionen fördern, während eine freundliche und mitfühlende Haltung gegenüber sich selbst die Lebensfreude und das emotionale Wohlbefinden stärkt – was wiederum auch Stress, Ängste und Zweifel geringer werden lässt. Die Art und Weise, wie wir mit uns selbst umgehen, bestimmt also letztlich entscheidend mit, als wie gelungen wir unser Leben empfinden.

Freundlichkeit im Umgang mit sich selbst zeigt sich auch in kleinen Freuden, die wir uns machen. Sie drücken Wertschätzung und liebevolles Mitfühlen aus. Sich selbst etwas Gutes zu tun, ist einfach: einige Minuten Stille, eine kurze Entspannung zwischendurch, sich einige Minuten ganz auf die Sinne konzentrieren (siehe Übung 5, 6, 7), einen Spaziergang machen, sich mit einem uns nahestehenden Menschen unterhalten, ein spannendes Buch lesen, ein Bad nehmen, eine heiße Schokolade trinken ...

Wenn Sie sich selbst ein guter Freund, eine gute Freundin sein wollen, dann ist es gut, sich klarzumachen, welches die Qualitäten sind, die wir an guten Freunden schätzen (siehe dazu auch »Impuls 6: Vertrauen neu lernen«) und diese im Umgang mit sich selbst auch ganz bewusst im inneren Dialog anzuwenden.

Ein guter Freund akzeptiert uns grundsätzlich erst einmal so, wie wir sind, macht seine Sympathie nicht daran fest, wie erfolgreich wir sind, wie umwerfend wir aussehen oder wie perfekt wir unseren Alltag meistern. Er kennt unsere Schwächen und mag uns trotzdem – meist gerade deshalb, weil wir eben nicht vollkommen sind. Daher ist er auch bereit, Fehler, die wir machen, zu verzeihen. Wenn eine Sache vergeben ist, ist sie vorbei und wird nicht bei nächster Gelegenheit wieder aufgewärmt. Ein guter Freund tröstet uns, wenn wir niedergeschlagen sind, und macht uns nicht runter, wenn die Dinge nicht rundlaufen, er stärkt uns den Rücken, wenn wir mutlos sind, und weist uns auf das Gute hin, wenn wir gerade mal wieder alles grau in grau sehen. Er ist aber auch ehrlich zu uns und sagt klar, wenn wir etwas, was passiert ist, falsch interpretieren, wenn wir Unrecht haben und wenn wir uns ungeschickt oder unterhalb unserer Möglichkeiten verhalten. Ihm liegt an uns, und das zeigt er uns auch. Begleiten Sie sich auf Ihrem neuen Weg also so, wie es auch ein guter Freund, eine gute Freundin tun würde. Ermutigend, wohlwollend, unterstützend.

Erinnern Sie auch immer wieder einmal daran, welche Talente und Fähigkeiten Sie bei vergangenen Schwierigkeiten schon genutzt haben, um sie zu bewältigen, und überlegen Sie, wie Sie diese Qualitäten auch für Ihr jetziges Vorhaben einsetzen können.

Wichtig auf Ihrem neuen Weg sind vor allem auch zwei Dinge:

- Lösungsorientiert zu denken und sich ein ums andere Mal zu fragen, wer oder was Sie bei Ihren Vorhaben unterstützen kann – und Antworten zu finden!
- Sich klarzumachen, dass die eingeschlagene Richtung das Wichtigste ist, egal, ob Sie nun schneller oder langsamer vorankommen. Es zählt das Jetzt: Die Qualität des Augenblicks.

Teil 3

Interaktiver Rückblick

1. Das hilft mir am meisten dabei, mich in Achtsamkeit zu üben:

2. Diese Methoden und kreativen Techniken helfen mir, meinen Gefühlen Ausdruck zu verleihen:

3. Das hilft mir am besten, zur Ruhe zu kommen:

4. Das hilft mir, mich mit meiner Geschichte zu versöhnen:

5. Diese Überzeugungen habe ich geändert:

6. Das sind meine neuen Ziele:

7. Das hilft mir dabei, wieder zu vertrauen:

8. Das macht mich in meinem Leben zufrieden:

9. Mein neues Lebensmotto:

Vertiefende Literatur

Hasson, Gill: *Achtsamkeit: Wie Sie Ihre Gedanken schweigen lassen*, Gabal 2015.

Huber, Michaela: *Der innere Garten: Ein achtsamer Weg zur persönlichen Veränderung. Übungen mit CD*, Junfermann 2010.

Levine, Peter A.: *Vom Trauma befreien. Wie Sie körperliche und seelische Blockaden lösen (inklusive CD)*, Kösel 2011.

Reddemann, Luise: *Eine Reise von 1000 Meilen beginnt mit dem ersten Schritt. Seelische Kräfte entwickeln und fördern*, Herder 2016.

Reddemann, Luise: *Dem inneren Kind begegnen. Hör-CD mit ressourcenorientierten Übungen*, Klett-Cotta 2007.

Weiss, Halko, Harrer, Michael E., Dietz, Thomas: *Das Achtsamkeits-Übungsbuch. Für Beruf und Alltag*, Klett Cotta 2014.

Sigrid Engelbrecht bei Herder

Meinen Platz im Leben erkennen
Impulse für Selbstcoaching zu den zentralen Lebensthemen
ISBN 978-3-451-61325-8

Ich nehm' mir heute Zeit für mich
10 Tipps für den achtsamen Umgang mit sich selbst
ISBN 978-3-451-61302-9

Stressalarm
Erkennen, entschärfen, vorbeugen
ISBN 978-3-451-06651-1

Das Anti-Burnout-Buch für Frauen
ISBN 978-3-451-06623-8

Rituale in Stresszeiten
ISBN 978-3-451-61212-1

Loslassen und Loslegen
7 Meilensteine zur erfolgreichen Veränderung
ISBN 978-3-451-61146-9

8 Starkmacher für die Seele
Krisenfest leben
ISBN 978-3-451-06577-4